一人の力で日経平均を動かせる男の投資哲学

装丁　國枝達也
構成　福地　誠

はじめに　勝つ方法はシンプル

子どものころから何も変わっていない気がする。その一方で、ずいぶん遠くまで来た気もする。子どもが3人もできて、普通に大人になってきた気もするし、まるで大人になっていない気もする。

僕はｃｉｓ（しす）という名前で個人トレーダーをやってきた。２０００年、21歳のときに３００万円で本格的に投資を始め、今の資産は２３０億円ある。個人トレーダーとしてはそれなりに知られているようで、今では無くなってしまったお昼の定番番組「笑っていいとも！」に呼ばれたこともある。ツイッターや、2ちゃんねるの株板、あるいは金融関係のまとめサイトである「市況かぶ全力2階建」での「一人のチカラで日経平均を動かせる男」のまとめ記事などで僕のことを知っている人もいるかもしれない。

投資家というと、株を買うことを通じて企業を支援するような人を思い浮かべるかもしれない。僕はその点では投資家ではなく、その本質はどちらかといえばゲーマーでありギャンブラーだと思う。他のゲームやギャンブルもずいぶんやってきたし、株をはじめとする相場もゲーム（ギャンブル）のひとつとしてやってきた。

お金を扱う相場が特別なものとは思わない。でも本当に面白いゲームだと思う。技術と偶然性とリスクとリターンの混ざり具合が最高のゲームだと思っている。僕の手法は主にデイトレードで、長期投資はほぼしていない。社会的観点からの投資はせず、純粋に勝負としてやってきた。

この本は相場において、僕がどう考えて、どう行動し、どう勝ってきたかについてまとめたものだ。株の話が中心ではあるけれども、株をあまり知らない人でも読めるようになっていると思う。また麻雀《マージャン》やポーカーなどの確率と対人読みが求められるゲームについても最後に触れている。もしこの本が、株だけでなく、人生のあらゆる場面で勝つことの参考になればうれしい。

株で勝つ方法について、僕の話はとてもシンプルだと言われる。たしかに他の個人投資家に比べても、決して難しいことをしているわけではない。むしろ簡単だと思う。けれども、シンプルだからこそ、その核となる部分は自分でつかむしかない。

そして理解することと実行することのあいだには大きな距離がある。わかるけど、やれない。それは裏を返せば、多くの人にとってチャンスがあるということでもある。一般にお金を持っている人が有利と思われがちだが、むしろ逆で、投資効率はお金を持っているほうが下がる。資産総額が1500万円以下ならば、それを数倍にするチャンスは無数に転がっている。RPGでレベル1をレベル10にするみたいなもので、誰でもできる。そしてそのヒントを本書にたくさん入れたつもりでいる。

とはいっても、株の勝ち方について書かれた本は基本的には役に立たない。活字になって多くの人の目に触れた瞬間に、その手法は優位性を失ってしまうから。株というのは極論するならジャンケンのようなもので、最近はグーがトレンドになってきているとか、チョキの後はパーを出すのがいいなどという情報が、多数の人に共有されたとたんに意味をなくしてしまう。この本が、これまでの本に書かれていないことを書いた本として、そしてそうしたトレンドとは違うもっと根本的なところで役に立つものになればと思う。

これまで雑誌やテレビの取材はほとんど断ってきた。有名になりたい気持ちはないし、リスク管理的な意味からメディアに出ることはマイナスでしかなかった。出演料や謝礼は確定申告が面倒になるだけだし。そんなわけで、本を出すことも考えてもみなかった。

それでもこの本を出すことにしたのは、麻雀ライターであり10年以上の付き合いがある福地誠《ふくちまこと》さんに声をかけられたからに尽きる。ふだんほとんど本は読まないが、福地さんの麻雀の本はだいたい読んでいて、ロジックを最優先する考え方に強いシンパシーを感じていた。福地さんにまとめてもらえるなら面白くなるかもと思ったことが大きい。

デイトレーダーを可能にした株式売買委託手数料の自由化。それが始まったのは1999年だった。そして2ちゃんねるが作られたのも1999年。僕が初めて株に触れたのがその頃で、金融ビッグバンとネットの発達の恩恵を受けてきた第一世代といえる。そこから20年近くが経ち、アルゴリズムやＡＩといった新たな対戦相手も出てきている。思い通りに勝てない日は続く。うっかり大損することもある。日々状況は変わっていく。だから相場は面白い。

目次

第1章　本能に克てねば投資に勝てない

勝つためには、行動を起こす早さも問われる。

株を始めたときは身勝手な仮説で負け続けた
僕が負け続けていた理由
マーケットのことはマーケットでしか学べない
ニュースはNHKよりツイッターのほうが早い
インサイダー取引は気づけるようになる
「仕手株」が疑われる値動きがあればチャンス！
盲目の資金が動くときは儲かりどころ
冷静さを見失わないうちに引退する

第4章　職業・トレード職人

ゲームが得意というスキルが活かせる時代に生まれてよかった。
トレードとは「お金の奪い合いゲーム」であり今の僕はトレード職人にすぎない。

配当狙いは興味がない。儲からないから

第5章

投資に必要なスキルはゲームで磨いた

今の僕の原点にあるのがゲーム。
親がゲームとギャンブルを嫌う人だったら
投資家cisは生まれていなかった。

僕がオールラウンダーになった理由
不動産投資は罰ゲーム
投資でもっとも大切なのは効率
「いい人」になれば簡単に破産できる
人のお金を運用する意味がわからない
年金マネーに群がる魑魅魍魎たち
年金を運用したとしたら
社長になる才能はとことんない

すべては駄菓子屋のくじ引きから始まった
中3でパチンコを始めて、高校で元締めに
「バレないようにやりなさいよ」
麻雀のネット交流で「学び方」を知る
2000万円で人生は変えられない

付記　ギャンブルを制すものは株を制す――

相場は上がるか下がるかしかない。だから常に押すか引くか。その手の押し引きは麻雀やポーカーにも通じる。

第1章
本能に克てねば投資に勝てない

上がり続ける株は上がり、下がり続ける株は下がる。

投資家や投資を始める人に「何かアドバイスください」と言われたとき、僕は「上がり続けるものは上がり、下がり続けるものは下がる」とだけ言うことが多い。

株価が上昇局面にあるとき、まだ上がり続けると考えてそこに賭けることを「順張り」、下がっているものが反転して上がると考えて賭けることを「逆張り」という。

どちらもあり得るからこそ用語になり、それぞれの手を打つ者がいるのだけれど、僕は基本は「順張り」だと話している。

株価が上がるのは買おうとする人や資本が、下がるのは売ろうとする人や資本が多いから。多いのにはなんらかの理由がある。

そのなんらかの理由について100％これだということはできない。ある人は明確な理由づけで買っているかもしれないし、別の人はそれを見て追随しているだけかもしれない。

あとづけではいろいろ推察することもできるけれど、それで説明しつくせるわけでもない。

けれども今現在買われていることで上がっている、売られていることで下がっているというのは明確な事実としてそこにある。であればマーケットの潮目に沿って行動するのがいちばん勝つ可能性が高い。

僕はこの大原則を理解していなかったために、株の口座を開いたあとの2年半ほどで、元手の300万円をただただ溶かして、104万円まで減らした。他に持っていた貯金や給料もかなりの程度投資に入れていたので、1000万円ほど負け続けたと思う。後に詳しく述べるけれど、自分の「こうあるべきだ」というものを優先し、今こうあるという事実を直視しなかったからだった。

上がっている株を買う。下がっている株は買わない。

買った株が下がったら売る。

マーケットの潮目に逆らわずに買う。そして潮目の変わり目をいち早くキャッチする。

この大原則に従うようにして今の資産を築くことができた。

◉「真のランダム」はイメージより残酷である

確率論、統計学の定理に「大数の法則」というものがある。

「回数が増えれば、現実値は理論値に近づいていく」というもの。

コインを投げて、表が出る確率と裏が出る確率は2分の1ずつだとしても、回数が少ないうちは、表が続いたり、裏が続いたりすることも珍しくはない。コインを投げ続けて回数が増えていけば、次第に平均化されていく。

コインだと表と裏の二つしかなく分散が表われにくいので、サイコロで考えてみたい。

1から6までの数字が出るサイコロをふったとする。だが数十回程度では「神様がえこひいきしているんじゃないの?」って思ってしまうくらい特定の数字に偏り、なかなか出ない数字があったりする。それは別に珍しい現象ではない。

概念上のランダムは、バランスよく散らばるイメージがあるんだろうけど、ミクロで見れば、かなり偏る。

現実のランダムは残酷なもの。

誰もがイメージしやすい行儀のいいランダムとは違ってバランスを取ってくれない。

僕の好きな麻雀《マージャン》でも、そういう現象をよく見かける。

待ちの広いリーチをかけていて山にもまだあがり牌《ハイ》がたくさんあっても、相手に残り一牌しかないカンチャン待ちをツモられるなど、確率に裏切られる場面は少なくない。

けれども多くの人が確率やバランスを意識してしまう。

たとえばコインを10回投げて10回表が出たからって、次に投げればどちらになるかといえば、まったくの五分。けれども多くの人が、そろそろ裏が出るのではないかと意識しがちな傾向にある。

つまりお行儀のいいランダムに収束していくことをイメージしてしまう。ミクロの事象に対して理論値を期待しすぎるから。それが自然な感覚であり本能なんだと思う。

きっちりとした確率のゲームであっても、こうした偏りが起こりうる。

株はそもそも確率のゲームではないのだから、「バランスは取れないのが当然」と思っておいたほうがいい。

上がり続ける株は上がり、下がり続ける株は下がる。

「今は上がっているけど、いずれ反転するはず」という風に思いがちだけれど、そう考えるのは「いずれバランスが取れるはず」というイメージに当てはめようとしているだけのこと。

「永遠に上がり続ける株なんてないからいずれ下がるはず」と勝手に考え、いつ反転するかという予想を立ててしまう。

たしかなのは、今上がっているという事実。どこまで上がるかなんて誰もわかるわけがない。

勝手な予想はしないで、上がっているうちは持っておくのが基本。

ずっと上がっていた株が少し下がったとき、それは一時的に下がっただけなのか？　反転したのか？　それもわからない。利益を確定させようとして売る人がいれば、それだけで少し下がる。

僕の場合、あまり小さな動きは気にしないで、ある程度下がったときに売ることが多い。相場用語で、上がってきた株が一時的に下がることを「押し目」というけれど、僕は2度目の押し目で売ることが多い。

◉「押し目買い」をやってはいけない

同じことで「押し目買い」は避ける。

株を知らない人のために書いておくと、押し目買いというのは、上がってきた株が少し下がったときに買うことをいう。

ぐんぐん上がっている株でも、利益を確定させようとして売る人たちがいると、一時的に下落する。その隙をついて買おうとする感覚が押し目買いにつながる。

大きく値を上げた株を買う場合、「買い時を逃してしまったのではないか？」という感情を持ちやすい。高値で摑《つか》んでおきながら下がり始めてしまえば目も当てられない。それを避けたい心理から押し目買いを狙ってしまう。

おいしそうに見える株でも、少しでも割安のタイミングで買うことによって保険をかけたい心の弱さもあるのかもしれない。

押し目買いは、下がったところで買おうとするわけだから、逆張りの一種になる。

つまり、やってはいけない買い方のひとつ。

上がっているものを買い、下がったら売る。その基本に反していることになる。

「押し目待ちに押し目なし」という格言もある。

ぐんぐん上がっている株は、押し目を狙っていても、そのチャンスがなかなかこない。少し下がったところで買いたいと思っていると、上がり続けてしまう。この格言も、押し目買いが間違った方法論であることを示している。

「少し下がったところで買う」とか「割安なタイミングで買いたい」とか考えるのは、そもそも発想として間違っている。

上がっている株がまだまだ上がりそうであれば、そのタイミングで買うのが基本。

だいぶ上がったあとに「買い時を逃してしまったのではないか？」と考えるのは、いずれバランスが取れるという発想にもとづく。

どこまで上がるかは誰にもわからない。

「遅すぎたかも？」などとは思わず、まだ上がっているならこれからも上がると考えて買えばいい。

下がり始めたら売って、そのときはじめて「遅すぎたかも？」という不安が当たっていたのかどうかの答えが出る。

どこで反転するかは誰にもわからない。

そのタイミングや値段を予想するのは、勝手な予測を当てはめているだけ。

相場のことは相場に聞くしかない。

◉目先の「利確」に走れば大勝はなくなる

「利確」とは利益確定の略で、買ったときより値上がりしているときに株や為替《かわせ》を決済して現金化することをいう。逆は「損切り」で今売れば収支がマイナスになるのをわかっていながら決済し、損失を確定させることをいう。

買った株が上がったとき、売って利益を確定しない限り、勝ちにならない。

次の瞬間に下がり出したなら、せっかくの利益が吹き飛んでしまう。そんな不安から、すぐに利確に走る人たちがいる。

1000円で買った株が900円とか800円になっても、あまり売りたがらないのに、1050円とか1100円になると、「儲《もう》かった！」という感じですぐに売りたがる。

買った株が下がっていても、売らなければ損は確定しない。損を確定させて、それを認めるのはつらい作業になってしまう。逆に、買った株が上がっているときには、売って得を確定させたくなる。「勝ったぞ！　儲かったぞ！」と確認したくなる心理があるのだと思う。

そんな理由から、下がった株は塩漬けにして、上がった株はすぐに利確するのが、本能に沿った行動となる。

実際株の必勝法では、ある程度の段階での利確を勧めるものも多い。「買った株が上がったら、半分は売って、その分の利益を確定しておけ」などといった方法論もよく見かける。

株は上がるか下がるかしかないので、果てしなく儲かるのではないかと思うこともあれば、すべてを失ってしまいそうな怖さもある。そんな恐怖心を抑える方法として考えるなら別にいい。

けれども、上昇局面での利確は勝つための方法としては間違っている。

下がって800円になったときにはすぐ売ってしまったほうがいいし、上がって1100円になったときには売らないほうがいい。

さきほど述べた「順張り」と発想は同じ。

たった今下がった株は、そこから反転して上昇するよりも、さらに下がることのほうが多い。また、たった今上がった株は、そこから反転して下がるよりも、さらに上昇を続ける可能性のほうが高い。正確にいえば、可能性が高いというより勝負の効率がいい。

重要なのは勝率ではなく、トータルの損益。そう考えられるかどうかが株で勝つための鍵《かぎ》となる。


1万円を得る喜びと失う悲しさを比較すれば、失う悲しさのほうがはるかに大きい。

その悲しさを避けたいから、多くの人は利確に走ることになる。

けれど利確をすれば、そこでの勝ちは確定しても、トータルで見れば敗北に近づく。

せっかく上がっている株なのに売ってしまい、今日の勝利を確定することで、明日や明後日の勝利を捨ててしまうことになる。

目先の利確に走ってはいけない。

勝つためには、長い目で見て得となる可能性が高い売買を積み重ねるしかなく、日々の勝敗に意味はない。

僕の場合、銘柄それぞれの勝敗を考えるなら、利益になる取引は3割くらいしかない。残りのほとんどがトントンかちょい負け。けれども、時々負け額に対して10倍や20倍の金額を勝つことがあるから、勝率は低くともトータルではプラスになる。

勝率は低くても、下がったときにはすぐ損切りすることで、上がった銘柄のうちのいくつかは損失額の10倍、20倍の利益になっていく。

トレード効率からすると、こっちのほうが良い結果になりやすい。

小さな損を重ねながらも、たまに大きな得をしようという発想。これが逆になり、小さな得をいっぱいしていて、たまに大きな損をするようになっていると要注意。

そういう意味でいっても、目先の利確は大きな勝ちをなくしてしまう行為にあたる。

◉ナンピンは最悪のテクニック

株の買い方のテクニックのひとつとして推奨されているものに「ナンピン」と呼ばれるものがある。

買った株が下がったとき、追加で買い増しすると、平均購入額が下がるから、プラスに転じるラインを下げることができるというもの。たとえば1万円の株を1株買ったとして、それが8000円に下がったとする。2000円の損だ。プラスに転じるには、ここから2001円上がる必要がある。

そこで8000円で1株を買い増しすると、自分で買った2株の平均購入額は9000円になる。そうであれば1001円上がるだけでプラスに転じることができるじゃないか、というのがナンピンの発想。「難平」とも「何品」とも書く。

結論からいえば、ナンピンは最悪の買い方だと思っている。場合によっては一撃で死亡してしまうから。

これまでにも言っているように、上がっているものを買い、上がっているあいだは持ち続け、下がったら売るのが大原則。ナンピンはその逆になっている。

上がると思って買った株が下がれば失敗だけれど、ここまではいい。よくあることで、どんな達人でもこれを避けることはできない。

まずいのは、自分の失敗、敗北を認められないこと。ナンピンは失敗しているにもかかわらずロットを増やす（=賭《か》け金を上げる）という点でも矛盾している。

ここでやるべきなのは、失敗を認めて迅速に撤退すること。

つまり損切り。

なのに、失敗を認めず、粘り腰でなんとか逆転勝ちに持ち込めないかというのがナンピンの発想。これをやって逆転勝ちになることももちろんある。けれども傷が深くなる可能性のほうが高い。

株でいちばん大切なのは迅速な損切り。
失敗から逃げてはダメで、失敗は当然としていかに最小にとどめるか。
それを考えても、ナンピンは逆を行くテクニックだということになる。

◉損切りした株がまた上がりだしたときに買えるか

1000円で買った株が900円とか800円になったとき、1000円に戻るのを待とうとして塩漬けになり、そのまま下がり続けて200円とか100円になって、爆死することもある。

小さな損はかまわない。というよりも避けられない。

重要なのは、損をしないことではなく、大きな損をしないこと。

大ケガだけはしないようにする、という方針で僕は今の資産を築いた。

僕の勝率を銘柄で見れば3割くらいだと言ったけれど、24時間以内に決済する予定で売買したトレードにかぎれば6割くらい勝っている。逆に20年近く株に触れてきてもようやくそれぐらいといったところ。

そして2週間以上見据えたものだと3割くらいになる。長く持とうとして買った株でも、値動きがあやしくなると、すぐ損切りする。結果、長く持っているのはすごく上がってい る銘柄だけになる。

損切りのラインなどに関して、数値的な基準は一切ない。値動きを見ていて、1時間後には今よりも下がっているんじゃないかと思った瞬間に売ってしまう。

買った株が下がり損切りしたとして、そのあと損切りをあざ笑うかのように上がりだしたとき、上昇株として買うことができるかどうか？　ここも大きなポイントになる。

まず、損切りする時点で自分の敗北を認めることになる。買ったのは間違いだったと認めて撤退するわけだ。そのあとで自分が売った値段よりも高い値段で再び買おうというのは「損切りも間違っていた」と、二重に間違いを認めることになる。

そこに抵抗を感じてしまう人もいるのではないかと思う。

でも僕はそれを気にしない。いつも平気でやっている。

1回ごとの売買で勝ち負けを考えていないから抵抗がない。

買った株が下がったら売るし、上がっている株は買う。

もちろん手数料もその分かかるけれど、それが基本で、それを何回でも繰り返すしかない。

さすがに同じ銘柄で売買を3回以上も繰り返して全部外したら、「俺をハメようとしているのか?」とイヤになってしまうこともあり、この銘柄は読めないと思って手を引く。けれど、それまでは気にせず続ける。局所的な勝敗を考えてもあまり意味はない。

◉トレードの世界に「良くて8勝7敗」という法則はない

ギャンブルでは「やめ時」が重要だともよく説かれる。

その理屈にしても、利確に走る心理と似ている。

集中力や体力を考えれば、やめ時はあるが、勝てる勝負であるなら、やればやるほどプラスになる。やめ時を考えるのは、いずれバランスが取られていくだろうという発想からくる精神論に過ぎない。

どの分野の勝負であっても、「あのときやめていればよかった」と後悔するのは、勝ち負けの波の中に人生論のようなものを見出《みいだ》しているだけのこと。勝つことを考えるうえでは意味がない。

阿佐田哲也《あさだてつや》という作家がいて、麻雀小説をたくさん書いている。僕に年が近い人は漫画『哲也―雀聖と呼ばれた男―』のモデルになった人というとイメージができるかもしれない。

この人の小説やエッセイには、相撲を引き合いにして「良くて8勝7敗、どんなに良くても9勝6敗」という話がよく出てくる。勝負事に限らず、人生すべてがそうだという。

たとえば『新麻雀放浪記』という小説では、主人公の若者が麻雀で大勝したときにアパートが火事になり、その部屋にいた婚約者が大ケガをする。そんなふうに人生はバランスが取れていくものなので圧倒的な勝ち越しはない、勝負でも仕事でも何かがうまくいったときはむしろ用心すべき、と阿佐田哲也は言っている。

人生論として聞けば、なるほどと頷《うなず》ける。

けれども勝負哲学としては意味がない。

バランス型の発想であるため、どちらかといえば有害ですらある。

株に関して何勝何敗と考えることにも意味はない。

問われるのは勝率ではなくトータルでどれだけの損得になっているかという絶対額だから。

人生論を否定する気はないけれど、勝負の中にこの類《たぐ》いの人生論を当てはめて考えるのはやめておいたほうがいい。運や流れという発想はロジックを優先する思考の妨げになる。

相場は相場の法則に従うしかない。

◉損を認められない気持ちが敗北につながる

損切りの早さでいえば、今の僕はトレーダーのなかでも上位に入ると思う。

さすがに現在の発達したアルゴリズムとは勝負できないけれど、人間のなかで比較するなら逃げ足は相当速い。1時間後に今より下がっていそうだと思ったらすぐ売っている。

買った値段は関係なく、その株で得していても損していても、これから下がりそうだと思ったらすぐに売ってしまう。

株の初心者はこの損切りができずにつまずきやすい。

利確は早いのに、損切りはなかなかできず、買ったときの値段まで戻るのを待ちたくなってしまう。その株で損した事実を直視したくないからだと思う。

こうした塩漬けは典型的な負けパターン。

「損したくない、損を認めたくない」という人間的な感情が、相場では敗北につながる。

すばやい損切りは、ものすごく重要。これはテクニックというより心構えに近い。

僕の場合、損切りが早すぎて失敗することも実際はかなり多い。

たとえば2016年のアメリカ大統領選でトランプ大統領に決まったときも失敗した。いったん株は暴落したけど、トランプはアメリカの会社を手厚く保護すると言っていたので、買い時だと思い、ダウ先物とS&P500先物をかなり買って仕込んだ。けれども、いつまでも反転せず下がったままだった。しばらく待っていたんだけど……、オカシイ、これは何か自分の知らない情報があるのかなと思い、アメリカ市場が開く直前になって売ってしまった。

いざアメリカ市場が開いたかと思えば、最初の予想どおり、果てしなく上がり続けた。自分としては多少待ったつもりだったけれど、損切りが早すぎた。アメリカ市場が開くまで待っていたら、かなり大きく勝てていた。

もちろん上がり始めてからもう一度買う手もあった。でも、アメリカ市場は日本市場とは違った難しさもあるので、そのときはそうしなかった。

自分の予想どおりに動かないときは、自分が気づいていない〝何か〟がある可能性が高い。不自然な動きがあるときは、仕手筋の介入があったりインサイダー情報による売買だったりする。

そういう不自然さを感じたら、結果はどうあれ、基本はすぐ売るべき。

結果として損切りが早すぎたのは確かだが、姿勢としては正しかったと思う。

相場にしても、その他のギャンブルにしても、基本的にはプレイヤー全員が負ける。相場なら手数料と税金、ギャンブルなら場代があるからだ。

そのなかでもとくに大きく負けるのは、自己能力と自己認識が乖離《かいり》している人。つまり、自分を突き放してシビアに見られない人。

わかりやすくいえば、自分の状態を直視できない人が大きく負ける。

そういう人は負けを背負い続けてしまう。

◉人が恐怖を感じているときはチャンスになる

相場では人間的な感情がマイナスに働く局面が多い。

いずれバランスが取れるという発想と、損をしたくないという感情。このニつはとくにマイナスを導きやすい。

相場を張るというのは、リスクを受け入れてリターンを狙う行為だ。

期待値がプラスだと思ったら張るようにしていても、リスクは必ずある。

半分は損すると考えておいたほうがいい。

そこで強いストレスを感じるようではそもそも無理がある。

サラリーマンであることを金融的に考えるなら、ほぼ100%の確率で毎月一定額をもらえる債券を買っているようなものだといえる。

僕は学生時代まで稼ぎの多くがなにかしらのギャンブルで、アルバイトもしたことがなかったため、初めて勤め人になったとき、このことをすごく新鮮に感じた。休みが多い5月やそもそも日が少ない2月も他の月と変わらずに給料が出る。会社成績や僕の営業成績に左右されない。これは本当にすごい。

サラリーマンに損するリスクはない。損するリスクに強いストレスを感じる人は、サラリーマンをしていたほうがいいと思う。

苦痛なことを無理にやっていても勝てる可能性は低い。それよりは楽しいことをやるべき。

僕の場合は相場が楽しくてしょうがない。すでに一生、生活するのに困らないお金を持っているのに、楽しいから今もやっている。

大きく儲けるチャンスというのは、人間の感情が大きく揺さぶられるとき。

暴落と暴騰という両極があるけれど、人は喜びや期待より悲しみや恐怖のほうが大きい生き物らしく、暴落のほうがチャンスはずっと大きい。

株価がこのまま地の底まで落ちていくんじゃないか、と人々が恐怖を感じているときこそチャンスになる。

全体状況でいえば、ＩＴバブルの崩壊、リーマンショック、サブプライムローン問題、ギリシャショックなどが起きたとき。大きな災害が起きたときもそう。

こうしたときには群集心理として恐怖が発生するので、相場としてはチャンスとなる。

◉リスクヘッジは無駄

投資家仲間を見ていると、それぞれに自分なりの売買のスタイルがある。

自分の性格と相反するスタイルで勝とうとするのは難しい。自分の性格と折り合いのいい必勝パターンを見つけて磨いていくのが勝てるようになる近道。

その上で、大きく勝つためには人間としての本能を制御しなければならない。

勝ちたい気持ちというより、損するのが怖いという心理を制御しないと、相場で勝つのは難しい。難しいというより不可能。

僕自身は投資家の中では守備型に入ると思う。小さな損はまったく気にしない。できるだけ大きな損を避けるよう、とにかく逃げ足の速さで勝負をしている。

けれども、その一方、大きく勝つ可能性がある買い方をしないと、リスクを取って売買する意味がないとも思っているので攻撃的に動くことも多い。

僕がこだわるのは、リスクとリターンの折り合い。

どんな売買にもリスクとリターンがある。

リスクに見合う以上のリターンが見込めるときだけ勝負する。

五分五分以下だったら、勝負する意味がない。

ある株を買おうと思ったとき、それが上がりそうな理由も考えられるし、下がりそうな理由も考えられる。それを煮詰めていったとき、上がりそうな理由のほうが強そうだったら期待値はプラスになる。これは買い。

リスクとリターンとの比較であり、僕はこの押し引きの判断を「効率」と呼んでいる。

ある株が上がるか下がるかなんてわからない。

常にそれがわかるようなら、日本の国家予算くらいは簡単に稼げてしまう。

絶対に上がる（あるいは下がる）と思えたとするなら、その裏側にあるリスクが見えていないだけ。

どんなときにも上がるか下がるかの絶対的な答えなどはない。

ものすごく確実にリターンが見込めそうなときでも、買った瞬間にリーマンショックが起きるかもしれない。「東京電力の株を配当狙いで買った直後に東日本大震災が起きた」という話も聞いたことがある。

そういうこともあるのが現実。

相場では、どんな売買もリスクとリターンがセットになっている。

「元本保証でリターンがこんなに！」みたいな広告を見かけることもあるけれど、そんなことはあり得ない。感覚値だけれど、年に3％以上の利回りを保証するものは、巧妙にリスクが見えにくいスキームになっているか、詐欺かのどちらかだと思ったほうがいい。

相場というのは、リターンを求めてリスクを取る行為。

リスクは絶対にある。

リスク恐怖症の人は相場には向かない。

リスクヘッジは基本的に僕はやらない。

リターンを求めてリスクを取っているのに、そのリスクを分散させるためにコストを使うのではリターンを薄めるだけ。

ファンドマネージャーとして仕事で巨大な金額を運用している人は、マイナスの時期ができるとクビになってしまうので、成績を平均化させる必要があるかもしれない。
だけれど、個人トレーダーとしては、ヘッジしていては意味がない。
ピンチとチャンスは紙一重。
結果は受け入れるしかない。

第2章
相場は仮説を生み出した人が勝つ

相場では、1匹目のドジョウがものすごくオイシイ。2匹目のドジョウもそれなりにいるけど、3匹目からは、いるかいないかわからない。

2018年は残念ながらあまり大きく勝てていなくてえらそうなことはいえないが、2月には19億の含み益を得たことがあった（その後利確したときは12億なんでちょっと持ちすぎた）。そのときに、どういう仮説を持ってどういう行動をしたかを紹介したい。

2017年からFA関連銘柄が非常によく買われてきていた。FAというのはファクトリーオートメーション（Factory Automation）の略で、工場の自動化のための産業用ロボットなどを作っているいくつかの会社の株がこれに相当する。新聞的な説明をすれば、中国などでの省力化投資の本格化や日本での働き方改革による自動化のための投資が好調であり、こうした企業の商品が売れて実際に業績は非常によくなっていた。

ただ僕はこういう経済的な知識には目を通すが、参考ぐらいにしかしない。あくまで重視するのは実際に今買われている株か、売られている株かということだけ。

僕がこうした関連銘柄を買ったのは２０１８年の大発会。とくに米国市場で日本の株式が大きく買われていて、そして日本市場が開いたらやはりうなぎのぼりで上がっていて、急いで上がっていた関連株を買いあさった。

その後も順調に高値推移するなかで、それらの会社の四半期決算がどんどん出始めた。1月下旬に口火を切ったのが安川電機という会社で、23日に第３四半期の決算発表があって、４～12月期の累計経常利益が前年同期比85%増、直近の10～12月期も前年同期比62%増という非常にいい結果だった。

普通に考えれば好決算。ところが翌日の株価は４%も下げるということが起こった。これはマーケットが求める期待値が高すぎて、決算が釣り合っていなかったんじゃないかと思った。僕も安川電機を買っていたけれど、予想に反して下げ気運になった瞬間、その日の前場で売り切って逃げた。

そしてすぐにこれは他の関連株でも起こるだろうと考えた。

実際他のＦＡ関連銘柄を見ても買いが薄くなってきているように感じたし、値動きがあやしいものも出てきていた。当時１５０億円ぐらい株を持っていて多くがこのＦＡ関連銘柄で、オムロンとルネサスエレクトロニクス、ファナックといった銘柄を持っていたけれど、決算発表前に手放すことを決意した。それから１日のうちに１００億円ぐらい売って逃げ切ることができた。今の僕の売買規模だと僕が売りに出したことによって、その追随でかなり下がることがあるため、この規模をよく１日で効率よく売れたと思う。実際決算が出た後からそれらの銘柄は軒並み下がり始めた。

それからはノーポジ（ノーポジションの略で上がるか下がるかのどちらにも張らない状態）で様子を見ながら「安川電機とファナックは日経平均株価を直接構成する銘柄だし、この時期の日経全体の好感を引っ張っていたのはＦＡ関連銘柄でもあるので、これらの下げは全体に影響するだろう」と仮説を立てて、日経平均先物を空売り。日経平均先物というのは日経平均指数による金融商品で、空売りをして後に指数が下がれば儲かる。下げ気運が続いたのでその後も大量空売りを続けていたら、案の定日経全体が暴落した。

その結果、一時含み益が19億円に到達し、「一撃19億」とツイートした。ただ実際はそのあともしばらく持っていたので、実際に利確したときは12億円ぐらいだった。

◉無職の大富豪を生んだジェイコム株誤発注事件

他に僕の大勝ちとしては「ジェイコム株誤発注事件」での売買がある。

有名な事件なので、知っている人にとってはいまさらな話になるけれど、10年以上前の話なので、一応、概要から振り返っておく。

2005年12月8日。

みずほ証券の担当者が東証マザーズに新規上場された総合人材サービス会社ジェイコムの株を「61万円1株売り」と注文するつもりで「1円61万株売り」と入力してしまった。それが午前9時27分のこと。

新規公開株でまだ初値がついておらず、この注文の直前には90万円前後の値がつきそうだと思われていた。そこに大量の売り注文が入ったことで初値は一気に下がり、67・2万円になった。通常ではあり得ない大量の売り注文だったためにその後も株価は急落していき、わずか3分後の9時30分にはストップ安57・2万円に張りついた。

担当者はすぐミスに気づき、取り消し注文を送ったが、当時の東京証券取引所のシステムでは取り消すことができなかった。１円での売りはそもそも成立しないので、有効な価格の下限で61万株売りが処理される「みなし処理」が行われていて、そのあいだは取り消しできないプログラムになっていたという。

担当者は、何度も取り消し注文を送ったあと、東証と直結した売買システムでも取り消そうとしたが、できない。

東証に電話して、直接、取り消しを依頼したが、それも拒否。そこでみずほ証券は、売り注文すべてを買い戻すことにした。

大量の買い注文が入り、株価は一気に上昇。９時43分にはストップ高となった。

その後は、誤発注と見て大量の買い注文を出す個人トレーダーや、急落に狼狽《ろうばい》して売り出す保有者など、各方向の動きがあって株価は乱高下。そして10時20分以降はストップ高77・２万円に張りついた。

みずほ証券の反対売買にもかかわらず、すでに注文を出されていた９・６万株の買い注文については相殺しきれず、そのまま市場での売買が成立した。

この日、誤発注を起こしたと疑われたジェイコム株の主幹事である日興コーディアル証券まで株価が急落した。

他の証券株や銀行株まで売りが波及し、午後になると、誤発注した会社が損失補塡《ほてん》のため保有株を売りに出すのではないかとの憶測が流れ、日経全体が全面安となった。

この日、みずほ証券がこうむった損失額は407億円!

後日、みずほ証券はシステムに不備があったと東証を訴えた。

裁判の結果、東証は107億円を負担することになった。また、この事件で利益を得た証券会社に返還を求める動きが起きて6社が応じた。

大きな話題になった事件であり、マスコミでもずいぶん報じられた。

マスコミではとくに個人トレーダーが取り上げられた。

このとき20億円以上の利益を得た個人トレーダーで、面識もあるB・N・Fは大量保有報告書に職業を無職と記したことから、テレビ番組などで「ジェイコム男」と名付けられ、「無職の大富豪」として注目の的になった。

◉秒単位の決断で6億円

長くなってしまったが、以上が事件の概要。

で、この事件では僕も6億円ほどの利益を得られた。

その経緯《いきさつ》を自分の視点から語っていきたい。

このとき、何か重大な事件が起きたことは、2ちゃんねるの株掲示板に載ったのでリアルタイムで知ることができた。「とてつもない売りがきた!」と、みんなが騒いでいた。

このニュースを知って僕がまずやったのは、この売りが誤発注かどうかを確かめること。

当時、証券会社の端末では、発行済株式数以上の数値を入力しても売りに出せてしまうということは、投資に関するホームページで読んだことがあって知っていた。そこで、この61万株という途方もない売りが発行済株式数以上であるか確かめようと、IPOのジェイコムのPDFを開いてみた。すると、61万株は発行済株式数の約40倍であるのがわかった。誤発注だと確信できた。

ビッグチャンスがきた。そう思った。

とりあえずありったけ買ってみようと決めた。
このあいだにかかった時間は約20秒。

確認に時間を使ってしまい、そこから手動で注文を入れたので、一刻も早く買わなければ売りが取り消されて消えてしまうんじゃないかと焦った。

パソコンのウインドウを次々に開いて、片っ端から５００株ずつ買っていった。成り行きにはしないで直接値段を入れて買いあさった。

買ったのは、合計３３００株。

買った直後には、ドキドキやワクワクがあったというより、どうやったらこの取引を無効にされないかということに全力で頭を使っていた。

アメリカでは誤発注について法律で決まっているわけではなく、買った低い値の3倍で買い戻すことが多いとされていた。だけど日本では、そんなエキセントリックなことにはならない気がしていた。これが証券会社の誤発注だったとして、全部買われてしまえば兆円レベルの損失になる。そんな額は払えっこないから、この取引はすべて無効とされてしまうんじゃないのか？　それがいちばん怖かった。

買った10分後に最初のストップ高になったときには、もったいないことになる可能性も考えながら、すべて売ってしまった。

ずっと保有していて無効にされては困るから。

そこで生まれた数億円でみずほフィナンシャルグループと任天堂の株を売買した。もしもジェイコム株の売買が無効とされた場合はこの取引も不可能だったことになる。お金がどこか空中から来たことになってしまうから。

みずほと任天堂の売買のあとには大半の額の出金予約の手続きをした（ＳＢＩ証券は当日出金余力がなくても、電話で手続きすることで、後日の出金予約をすることができる）。

鉄火場は最後お金が自分の口座に入るまでが勝負。

お金をつかむまでは安心できない。

大勝利になればなるほど、勝ったことに喜んで安心していてはダメ。勝ちを確定させるための詰めの作業が大切になる。

大勝利こそチャラにされやすい。

話のレベルはまったく違うけれど、若いときから麻雀をやっていたので、勝ちすぎてチャラにされてしまった経験は何度かあった。当時のことはともかく、このジェイコム株誤発注事件の勝ち分をチャラにされるのはごめんだった。

知り合いの個人トレーダーでは、かなり稼いだ人も何人かいる。無職の大富豪＝B・N・Fや同じく投資家のｕｏａは大量保有報告書を出してそのまま持ち越し。当日のストップ高よりさらにプラス20万円弱の1株あたり約97万円で手打ちになって「イエーイ！」という感じだった。

僕は彼らとは違い、利益の最大化よりも、どうやったら日本政府にチャラにされないかということばかり考えていた。

さらに考えたのは、誤発注を起こした会社はどこかということ。そして被害総額はどれくらいかということ。被害額が大きすぎると、取引自体をチャラにされてしまう可能性がある。数千億円くらいであれば、大手証券会社なら責任を取らされる。すると、その会社の株価は下がる。

それに備えて大手の証券会社や銀行を空売りしようかとも考えた。それは自分で考えていたことだけど、2ちゃんねるの掲示板でも同じ話題になっていた。

ネットの情報はやはり早い。だけれど結局、空売りはしなかった。

この事件に関しては「3300株買ったジェイコム株をなぜ持ち越さなかったのか？」「持ち越していたらもっと勝てたのに」とよく言われる。

でも自分としては、同じ事件が100回起きたら、100回とも同じように行動するのではないかと思う。脳内でシミュレートしてみると、リスクとリターンの兼ね合いを見たら、やはり同じように行動するとしか思えないからだ。

それが正しいのか？　と言われると、よくわからない。けれど、同じように行動すれば、毎回同じくらいの利益は得られるはず。それ以上の利益は得られないだろうが、それはそれでいいと考えている。

誤発注は、今後また起こり得るのか？

東証はジェイコム株誤発注事件のあと、アローヘッドというシステムを導入した。その結果、大型の誤発注は起きにくくなっている。

2018年2月末に数百億円クラスのとてつもない売り板が出ていたことがある。「コレ、誤発注かな？　でも嘘くせえな」と思いながら、買わずに見ていた。数百兆円だったら完全に誤発注だけれど、数百億円というようなありうる範囲だとアヤシイ……。そのあとけっこう下がったから、ただ売りたいだけだったんじゃないかと思う。誰がどういった意図で売ろうとしたか真相はわからないけれど、その銘柄は日産自動車。2018年11月現在、カルロス・ゴーン前会長の逮捕・解任で世間の注目を集めている。

◉とにかく仮説を考える

僕は相場オタクともいえるかもしれない。

「こんなことが起きたら、こんな展開で儲《もう》かる」みたいな仮説をいつも考えていて、アイデアを何十個か持っている。それがたまに実際に起こることがあって、そんなときは「はい、きた」みたいな感じになる。

「円安になったら輸出産業は利益が上がって株価も上がるはず」みたいな半ば常識みたいなものではない。

すでに常識になっているようなものではなく、まだほとんどの人が考えていないもので、明確なロジックがあるもの。あるいは誰も指摘していないしロジックは不明だけど、経験則として明確な関連が認められるもの。

たとえば僕が狙っているのは、日経平均の計算方式に関わるもの。

今の日経平均は、ユニクロを展開するファーストリテイリング、ファナック、ソフトバンクグループ、京セラなどの比重がすごく大きい。小さい建設会社とか数百円台のところがストップ高になっても、日経平均に与える影響は、ファーストリテイリングの10円、20円くらいになっている。

相当歪《ゆが》みがあって、その結果、何が起こっているかといえば、単価が高い株は日経平均に組み入れできなくなっている。

たとえば、任天堂とか村田製作所とか1株1万円超えの株は、日経平均に採用されるんじゃないかと言われつつもいまだに採用されない。

というのは、こういう単価が高い株を組み入れると、300円くらい一瞬で動いてしまうから。日経平均の担当者は「こんなのを採用するなんて常識外れじゃないか」と言われかねないから、今は株単価4000円~6000円が限界になっている。

ただ、それに対して解決策が二つある。

ひとつは、そのまま組み入れるようにすること。もしひとつでも入れたら、あとは順次入れるようになる。たぶん日経組み入れの1か月前になると、アナリストが「今回の本命は任天堂と村田製作所」とかいって騒ぎになる。そうすると、組み入れられる株価はすごく上がってオイシイことになる。

今は誰もが「任天堂なんて株価が高すぎて日経平均に入れたら大変なことになるから、入るわけないよ」で終わっていて、こんなこと考えていないと思うけど。

もうひとつの解決策は、日経平均の計算方法をTOPIXみたいに変えること。変えますよ、ということになったら、それはイコール、株単価が高いやつを組み入れられるようにしますよってことだから、単価が高い株は日経平均採用狙いで徐々に買われると思う。

これがもし起きたら、僕は発表された瞬間に1万円以上の株価で日経平均に入っていないやつを買う。10億円ずつ5〜10銘柄買って、全体で10〜20％アップする、みたいな。

そういう可能性をいつも考えている。

◉知られていない攻略法が眠っているのが相場

ずいぶん前、旧UFJ銀行は潰《つぶ》れるんじゃないか、と言われていたときのこと。

そのときにダイエーが増資するか何かで資本の動きがあるというので、東証で売買停止になった。「ああ、売買できなくなったな。これはどうなんだろう」って思いながら見ていたら、東証の注文の気配は動いていた。そこで、ふと思いたって買いの気配値（買い方が希望する値段）をストップ高にしてみた。どうせ売買停止だから、注文を入れたって成立しない。

するとUFJホールディングスや大京などの銘柄がどんどん上がってきた。そのためUFJや大京を空売りしてからダイエーの注文を取り消した。まもなくUFJや大京は下がった。

そこでUFJや大京を買い戻してから、再びダイエーに注文を入れてストップ高にする。するとUFJや大京がまた上がってくるので、また空売り。旧UFJ銀行はダイエーの出資元で、大京は同じく旧UFJ銀行の出資先だからと関連付けた人もいたようだけれど、普通はダイエーと大京のような業態がまったく違う業種で連動するなんて思わない。

ダイエー気配値作戦は2回までうまくいった。3回目もまた値が上がってきたらまた売ろうと思ったが、3回目には反応しなくなった。そこで終了。

なぜそんな作戦を思いついたのか？

昔のＩＰＯは、ラーメン屋とか不動産屋とかＩＴ企業とか、業種はまったく違うのに、上場日が近いと連動して上がっていた。そこからヒントを得た。

上場日が同じ銘柄二つに対し、一方の株を大きく持っておいた上で、もう一方の株を買って高値にすることで、大量に持っているほうの値上がりを期待する、みたいな作戦を行うこともあった。

全然別の業種でも、説明はつかないけど株価が連動することはある。

たとえばガンホー・オンライン・エンターテイメントという会社とＡＣＣＥＳＳ（銘柄コード４８１３）という会社は、株単価が高いことだけ共通で、あとは全然違う会社なのに、なぜか連動していた。

ロジックは不明だけれど、事実こういうことが起こっているのが相場。

ダイエーは売買停止なので注文は成立せず、あとで取り消せばいいからリスクがなかった。リスクなしで儲けられるから、こういう取引には価値がある。

考えられること、やれることは、いろいろある。まだ知らない攻略法が実際に眠っているのが相場というゲーム。

◉相場には2匹目のドジョウもそれなりにいる

そういう点では過去の事例を知っておくことも役立つ。

過去の事例を勉強しても通常時は勝てるようにならない。ただしとんでもなくイレギュラーな事態が起こったとき、類似する過去の事例を知っていると、こうしたほうがいいんじゃないかという、勝てるロジックをすぐ思いつくことができる。

たとえばジェイコム株誤発注のときに、誤発注の過去の決済事例や誤発注かどうかたしかめる方法を知らなかったとしたら、わりと守備的な僕のスタイルでは誤発注のほうに賭《か》けることができずに買いに行けなかったかもしれない。

相場では、1匹目のドジョウがものすごくオイシイ。だけれども2匹目のドジョウもそれなりにいる。ただし3匹目からは、いるかいないかもうわからない。

だから、みんなに先んじて動くように努めているけど、1匹目のドジョウを捕まえるのはすごく難しい。

2匹目のドジョウは、マーケットから学習して、儲かっているだろう事象をすぐやること。これでもそれなりに利益を上げることができる。

世間に広がりだしてからやるのは3匹目のドジョウ。これはもう、儲かるか損するかわからない。雑誌の『ZAi』や『SPA!』に載っていることなんかをやるのは、まさに3匹目のドジョウ。いや、4匹目かもしれない。

マスメディアに載ったネタを追いかけるのではスピードが遅すぎるし、多数の人が知っている知識で他人を出し抜けるはずがない。

そういうことは理解しておいたほうがいいと思う。

◉本を読んでいるだけでは相場に勝てない

自分でもこうして本を出すことにしておきながらこんなことを言うのはなんだけれど、本を読んでいても相場は勝てない。

相場の本、経済学の本などいろいろあるけど、すべて昔のこと。

たとえば、経済学の教科書には「金利が上がると株価は下がる」と書かれているものがある。金利が上がると、投資家にとっては債券へ投資する価値が上がり、株式の価値は下がる、というメカニズムによる。

で、実際にそうなのかといえば、利上げ時には株価もやたら上がったりする。経済理論とは真逆な結果が出ていることもあるから「この教科書は嘘ばかりついているな」というようなことになる。

景気が良くて、企業が最高益を更新して、業績を重視して売買する人たちがよし買おうと言っているようなときに、日銀やＦＲＢ（連邦準備制度理事会、いわばアメリカの中央銀行）が金利を上げると、株価はぐんぐん上がる。上がって上がって最高値を更新したあと、ドカンと落ちる。おそらく、大手のファンドや投資銀行が、この利回りなら債券に行ったほうが得じゃないか、と思った瞬間に、株が１０００億円単位で売られて、お金が債券のほうに行くというメカニズムなんだと思う。

だから、本を読むと「金利が上がると株価は下がる」みたいに書かれているけれど、実際には株から債券への移行はスムーズにはいかない。

そんな現実に対する戦略としては「すぐ逃げられるような買い」がいい。大きなポジションは取らず、ちょっとあやしいと思ったら、すぐ売って現金化してしまう。

そして新聞や雑誌で「これまでの歴史も踏まえれば、金利上昇局面に株価は上がるが、その後は暴落する」なんて書かれたらそこで終わり。もしこの本がすごく読まれたとしたら、それでまた違うものになる。

マーケットは、1匹目のドジョウを捕まえられたら、めっちゃオイシイ。ただし、それを独自理論で捕まえるのはすごく難しい。

そう考えると、金利上昇局面では先物を買いながら現在値から1000円以上安いプットオプション（株価が暴落したときに損失を減らす保険の機能を有するもの）も買うみたいな戦略が、2匹目のドジョウが狙えていいかもしれない。

ただ、この方法も認知度が上がったらあまり取れなくなる。

マーケットというのは、リスクを回避する方向にあるから、暴落の印象が2回くらい植え付けられると、3回目は警戒されて逆に動いたりする。その意味でも市場がどう思っているかが重要になる。

最近『ラブライブ！』のスマホゲームを運営しているKLabという企業の株価が、登場するキャラクターの誕生日に合わせて上がるという現象が話題になった。ご祝儀で株が買われているのではないか、ということで「お誕生日投資法」なんて言われたりした。これも最初は成功したし、これに気付いて2匹目のドジョウを捕まえた人もそれなりにいたようだ。ただこれがネットで話題になってからは早めに買って当日売ろうという人が増えてきて、結果当日下げて終わる、みたいなこともも出てきている。

◉メディアはかなりいい加減

相場に関しては、メディアをアテにしないほうがいい。

相場の解説をしているテレビ番組なんかでは、前場が終わると、1時間ごとに売買代金ランキングと解説を発表していたりする。少し前でいえば「円高でもトヨタ自動車がアメリカ市場での業績期待を背景に買われていて、売買代金トップです」みたいな感じ。

その頃の東証の売買代金の上位銘柄は、けっこうな割合で僕も買っていた。僕は今は前場しかやっていないけれど、そこで何十億と動かすこともあり、前場の取引のなかでの比重はかなり大きい。その日の終わりの午後3時までいくと、ランキングに出るような大型銘柄での僕の売買は出来高の10%を割るけど、朝10時の段階だと、取引出来高の3割くらいが僕なこともある。

その番組の解説では、為替《かわせ》とかアメリカ市場とか、適当な要素を寄せ集めて、テンプレ的につなげて説明をつくっているだけとしか思えない。だって、その売買の3割を行っている僕は、まったくそんなことは考えていなくて、明日売ろうと思って買っているだけ。**その時間帯に株価を動かしているのは僕なのに、全然僕の思惑と違うことを勝手に想像して話している。**

以前ソフトバンクグループの株を50億円分近く損切りで売ったことがあった。そのときには「昨日の中国のアリババが軟調だったこともあり、ソフトバンクは売買代金1位で値を下げております」というような解説をされていた。いや、そうじゃなくて、ただ僕がギブアップして売っただけ。関連づけられたアリババもいい迷惑だ。

こうした取引の解説をもとに、また分析の本などが作られていく。だから僕は株の本を信用していない。

ちょっと話はズレるけど、メディアという点では、ある週刊誌が「世界同時株安で37億円稼いだ男を直撃！」という表紙の煽《あお》りで僕の特集をしたことがあった。誌面には「海外メディアを除き取材に応じなかった彼に接触成功」みたいなことが書いてあったけど、まったく直撃されていないし記事を見てみると、僕がツイッターで書いたことをほとんど引用していただけ。

ツイッターを少しぐらい引用するのはまあご勝手にという感じだけど、直撃インタビューのようにでっちあげるのだから本当に信用できない。

第３章
勝つための一歩は場と自分を冷静に見ること

相場とは、リターンを求めてリスクを取る行為。リスクは絶対にある。リスク恐怖症の人は相場には向かない。勝つためには、行動を起こす早さも問われる。

ここまで書いてきたように僕の売買はシンプル。トレーダー仲間からも同じことを言われる。「ｃｉｓはこの株は売っているんじゃないか」と思ったら実際に売っていたとか、かなり当てられるそうだ。

勝てるようになってからはたしかにかなりシンプルになったと思う。

経験が増すほど、その時々の戦術の引き出しは増えているけれど、考え方はすごくシンプル。相場をやっている人なら全員が理解できると思う。

じゃあ、なぜみんなが僕と同じようにできないかというと、たとえシンプルでも身銭を

切ってやるのは難しいから。大きく見れば売ったほうが良さそうに思えても、反発もあるかもしれないとか、いろいろ考えてしまう。

上がって高値がついたとき、僕は喜んで買う。だけれど普通の人はまず買えない。今までいちばん高いから、反動がくるのではないかと思ってしまう。たとえばリンゴがどんどん値上がりして1個400円なんて値がついていたら、普通は買いたくない。

でも、株はそういうものではない。

多くの人は「安く買って高く売る」という発想でいるから、高いときは買いたくないと思ってしまう。その高いというのは何と比較して高いのかといったら、過去と比較しての話。下がっているときは、過去と比較して安いからお買い得だと思ってしまう。

たしかに明らかなバブルはあるけれども、適正な価格なんて本質的には存在しない。買った値段より高く売れれば儲《もう》かるから。過去と比較して考えないほうがいい。

◉株を始めたときは身勝手な仮説で負け続けた

株を始めたばかりの頃、僕は負け続けた。

ネット証券に口座を開設して証券会社の口座に３００万円入れてスタートした。その段階での持ち金は、大学までに作った約１０００万円。残りの７００万円もあとから口座に追加していたし、給料も生活費の５万円を除いて毎月20万円近く突っ込んでいた。残額は減り続けた。

その頃は、自分なりにいろんな企業の財務分析をして、割安な株を探して買っていた。**同業種のうちで割安なものを選んで、評価が追いつくまで待っていたら儲かるだろうという戦術。財務分析をして企業の価値を評価したうえで株を買う、ファンダメンタル投資をやっていた。**

たとえば他の要素は完全に同じで、利益10億円の会社が時価総額１００億円で、利益１００億円の会社が時価総額５００億円だとしたら、５００億円のほうを買う。利益は10倍なのに時価総額は5倍にとどまっているから。利益１００億円の会社が時価総額５０００

億円（利益10億円の会社の50倍）だとしたら、時価総額100億円の会社のほうが割安になるのでそっちを買う、みたいな感じだった。

◉僕が負け続けていた理由

当時、東証一部上場企業はどちらかといったら割高で、店頭のジャスダックや東証二部のほうが数字上では割安な傾向にあった。

そういうなかで僕が目をつけたのはたとえば日本エアシステム（JAS）。のちにJALに統合された航空会社。

この会社の株はJALやANAと比べて明らかに割安だった。いずれ真価が認められ、適正な水準になるに違いない。そう思って買っていたが、買うとまた下がった。もうすぐ大きく反転するんじゃないかと期待して買い増しをすると、さらに下がった。

最後には不利な株式比率でJALに吸収されてしまった。それでこっちには割高になったゴミみたいな株券がきて、「これどうするの？」みたいな状況に追い込まれた。

ちょうど日経平均が1万円割れに向かって下がっていた頃で、アナリストたちが割安割安といっている一方で株価は下がっていた。彼らのいうことはまるで信用できないことを学んだ。

ＩＴバブルの崩壊後で、新興の小型株がすごく上がり始める直前の時期だった。割安株を買うほど、どんどん損していった。

失敗したのは日本エアシステムだけではなく、半年間、負け続けた。

１０００万円ほど負けて、口座残高は１０４万円まで減った。

この頃のやり方がダメだったのは、割安だという判断が主観に過ぎないのにそこに気づいていなかったこと。

もちろん財務分析をしてみた結果として割安かどうかを判断していたわけだけれど、そんなことはみんな知っていて、実際には株価というものはそれを踏まえたうえでの取引値段になっている。

企業の価値を株価が正しく反映していないと考えるよりも、株価こそが答えであり、世の中の総意として適正だとみなされている数字だと考えるほうが正しい。

ＪＡＬやＡＮＡやＪＡＳなどのような大型銘柄は十分に研究されていて、割安なまま見過ごされているなどあり得ないから。

加えて割安に見えたとしても、それは誰でも知っている情報に過ぎない。

インサイダー取引のような明らかな価値の上下が直前にわかるような情報を持っていない限り、企業のポテンシャルと株価がどう動くかなんてはっきりとはわからない。

だとすれば、自分に優位性はない。なにかしら他人を出し抜かないと、他人から富を奪うことはできない。

誰でも知っている情報では安定的に勝てない。

信用される企業はさらに信用され、割安な株はさらに割安になる。そのほうが真実に近い。株式市場は、公平や平等という概念で動く場ではない。

割安だという決めつけで買っていれば負け続けるだけ。

それを痛感させられて、今のスタイルに至っている。

◉マーケットのことはマーケットでしか学べない

「どうやって勉強したか？」とよく聞かれる。

僕の場合は、ただひたすら値動きを見た。
マーケットのことはマーケットでしか学べない。
本に書いてあるのは過去のことで、未来には役に立たない。
「どれくらい努力しているか？」ともよく聞かれる。
夜中に値動きを見たくて起きちゃうくらいだから、努力はしている。
でも、嫌々見ているわけじゃないので、ゲームをしているのと同じ。
僕はそうやってここまでやってきた。

トレーダーとして難しいのは、自分の理論を何度も否定していかなければならないことかもしれない。

買った株が下がったら損切りするわけだけど、そこから上がってきたらもう一度買うという行為をどう取るか？　これは、損切りした時点でギブアップしていて、そこからさらにギブアップしたことまで否定することになる。

でも、僕の場合は、そこらへんは気にしない。**どの勝負事でも同じだけれど、自分を客観的に見られない人はやっぱり勝てない。**

相場の方法論のモデルチェンジは、株を始めて負け続けていたのを脱却した頃を除けばとくに意識したことはない。だけど、結果から学習することは続けているから、日々、マイナーチェンジしているとはいえるかもしれない。

勝ち始めたときは、年金やファンドの買いに乗っかり、いちばん買われているであろう小型株を買う方法に変えた。

これは今でもいい方法だと思っている。その後は、それを基本線にしつつ逆張りだったり、時間軸をちょっと長めに見据えた順張りだったり、引き出しは増えた。ナンピンは最悪だと書いたりヘッジはしないと言ったりしたけど、もちろんそれらを駆使してバランスをみながら静観する場合もある。

「最近勝てていないな」と思うことは何度もあった。だけど、自分はもう終わったと思って引退するときまでは、スランプなどとは言っていられない。

数分後の株価、明日の株価を考えるしかない。

自分は大丈夫かとか、行くべきとき、退《ひ》くべきときの判断が狂っていないかとか、考えている暇はない。

重要なのは自分の状態よりマーケット。あくまでマーケットに合わせるしかない。

僕の場合、株を始めて半年くらいで勝ちに転じたわけだけれど、マーケットに対する理解力はやっぱり、経験を重ねることで違ってくる。

今が100だとしたら、勝ちはじめた頃は20くらい。

今から思うと低かったし、たまたま勝てていた面もある。

当時は、機関投資家やファンドなどの大きな資金が買っているチャートだったから、そこに乗っかる形でやるしかないと思っていた。

儲かっているところをすばやく学習して、早く行動して、そこに信用取引を全力で乗せていた。

今は当時と比べてマーケットの複雑性が強くなっている。

自分の側では、今のほうがマーケットをより信用していない。

よりビビっている。

なので、すぐ逃げる。

◉ニュースはNHKよりツイッターのほうが早い

ふだん僕が見ているのは値動きとツイッター。基本は値動きを見ていて、何かあやしい動きがあったら、まずポジションを軽くしてからニュースを確認する。

たとえば日経平均先物を1000枚買っていたとして、30秒で150円くらい下がったとする。そんなときは、とりあえず500枚くらい投げ売りしてポジションを軽くしてしまい、とんでもないことが起きても大丈夫なようにする。それからニュースなどをチェックする。つまり、ワケがわからないままでも損失は受け入れてしまうということ。

そのあと、何事もなかったように戻ることもあるから、「何だったの、アレ？　俺にすらせるためだけの下げじゃねえか？」みたいな。それはそれで受け入れるしかない。

ニュースはツイッターがいちばん早い。つまり口コミ。

大統領選でトランプが勝ったとき、現地のツイッターがいちばん早くて、その30秒後くらいにロイターやブルームバーグのニュースがきた。

NHKなど日本のニュースはその数分後になる。

だから僕は、基本的にニュースはツイッターだけにしている。新聞や雑誌も読むけれど娯楽にすぎない。それで事足りる。

コインチェックから仮想通貨ネムが盗まれた事件でも、ニュースより口コミのほうが早かった。ツイッターで「めちゃくちゃでかいネムが移されている履歴があるけど、これは大丈夫か?」と書かれたのが最初。僕がフォローしている人ではなかったけれども、重要な情報はリツイートされて自然と目につくようになる。

日本、アメリカ、ヨーロッパの3つのマーケットのうち、時差の関係から月曜日に最初に市場が開くのは日本。

なので週末に世界的な事件が起きると、日本で最初に影響があらわれる。

イギリスのEU離脱決定、トランプの勝利など、欧米の政治的な事件があると、まず大きく売られる。そのとき日本では売られすぎる傾向がある。

僕の経験からいえば、こういうときは90%は逆張りで買っていい。

トランプの大統領選勝利のように、「今後どうなってしまうんだ?」という状況のときこそ逆張りだ。

もちろん、これは何か大事件が起きた場合の話。通常時にダウ先物が安くなっているからといって逆張りするのは、「上がっているときには買い」の原則に反する。

逆パターンで、週末にアメリカに好材料が出て、ダウ先物が４００くらい大きくプラスしているときに日経平均も爆上げしたら、空売りする。だいたいすぐ戻る。

◉インサイダー取引は気づけるようになる

僕のようにマウスをカチャカチャやっているだけの人間からすれば、あやしい取引に助けられることもある。その代表がインサイダー取引や仕手株。

どう見てもあやしい売りが出ていて、とりあえず明日も値動き的に上がる気はしないから、じゃあ逃げておくかと、便乗売り。すると、引け後にすごい悪材料が出て、翌日に暴落して助かったみたいなことはかなり多い。

実際、インサイダー的なあやしい売買は観察すればかなり見つけることができる。

たとえばライブドアショックのときも、あとから思うと、かなり早くから売り逃げしている人たちはいっぱいいた。新興株がどんどん上がっているなかでライブドアだけ７００円くらいで全然上がらなかったし、オカシイなと思っていたら、完全に国に狙われていた、みたいいな。

今の時代は情報が漏れやすいから、あやしい売りか買いが出ているときは、これはインサイダーかもしれないと考えてみるのがいい。

悪い噂が広がって、これは買いたくないって思う人や、もう手放すしかないって思う人が何人かいたら、他の株と比べてあやしい値動きになる。そういうシグナルはありがたいものだから、そこには手を出さないほうがいい。そこで逃げ足の速さが生きてくる。

僕はずっと値動きを見ていて、売りがすげえな、あやしいから換金して逃げとくか、というやり方だから助かっている面がある。

大金が動くと、インサイダー取引や他の経済犯罪も多くなる。これからはコンピュータで取り締まれるようになってクリーンになるといいのだけれど。

インサイダーの可能性がある、あやしい売買をどうやって見抜くか？

僕も最初は全然わからなかった。

どれくらいで気がつけるようになったのかは思い出せないけれど、2週間くらいずっと板に張りついて見ているとわかるようになってくると思う。

板に張りついていると、思っていたのとは全然違う側面や新しいことが見えてくる。買うのは最低単位でいいから、買って見続けていると、学ぶものがすごく多いはず。

上がっている、下がっているという全体を統合した動きになる前に、その構成要素である売りと買いを個別に見ていくことで、わかってくることがある。

◉「仕手株」が疑われる値動きがあればチャンス!

仕手株への対応はかなり得意。

需給がいびつで値動きが激しいやつは、デイトレには絶好の素材になる。

仕手筋がどういう思惑や経緯《いきさつ》で買っているかには興味はない。

仕手株にはすぐ乗って、早めに売ることができれば投資効率がいい。

今は自分で動かしている資金が大きくなってしまったから、小型株はあまり見なくなったけれど、総資産60億円くらいまではあやしい動きをする小型株もよく見ていた。

ただ世間では仕手株だといわれている株でも、本当に仕手なのかはわからない。

たとえば、2003年頃から上がり続けてきた新興株というのは、最初は仕手だ仕手だと言われていた。だけど結局いろんな筋が買いに買って、ものすごく高くなってきたところを最終的には年金など大口の機関投資家が買って大株主になっている。

一見して仕手に見えても、実はどこが買っているのかわからない。

なので、仕手か仕手じゃないかをあやしい情報で判断しようとするのではなく、値動きだけを見て判断したほうがいい。

◉盲目の資金が動くときは儲かりどころ

年金のような「盲目の資金」が流入しているか流出しているときがいちばんの儲かりどころ。

今は全体のボリュームが上がったわりに盲目の資金が比率的には少なくなっているけれど、年金とか投資信託とか海外ファンドとかがそういったものにあたる。

こういう機関の取引は、いつからいつまでの期間にこれとこれを何百億円買いつけるという結論に従ってディーラーがカチャカチャ買っているだけの場合がある。その手の大口の取引のことを僕は「盲目の資金」と呼んだり大きな力が働いているという意味で「フォース」と呼んだりしている。


盲目の資金が流入しているときにはそれに乗っかっているだけで大きく儲けることがで

きる。

逆に流出しているときは、売り切ったと考えられる直前くらいから買いを狙う。

盲目の資金が流出していることに加えて他にも下がりそうな要因があるときには、空売りすることもある。財務がだいぶ悪いから、増資がありそう、とかいうようなとき。

ただ僕はあまり株の空売りは好きではない。売りはコストがかかるのと、発行済株式数の0・2%以上を売ると報告義務が発生したりするので面倒。0・2%はすぐにいってしまう。

2017年の神戸製鋼所の不祥事のときも、少し売るだけで空売り残高報告書が必要になって面倒だった。今は多くのネット証券が提出してくれて、だいぶラクになっているけれど。たとえばSBI証券だと、自動でやってくれて、これで間違いないですかと確認がくる。

ちなみに今、僕がネット証券で使う可能性があるのは、SBI証券、楽天証券、カブドットコム証券、SMBC日興証券、モルガン・スタンレーMUFG証券、みずほ証券の6つくらい。昔はひとつの証券会社がメンテナンスなどで取引不能になったら他の証券会社を使ったから、数が必要だった。けれども今はそういうことはなくなってきた。

スマホのアプリも見やすくなり、投資しやすい環境になっているから、そんなに多くのネット証券を使う必要はなくなっている。

◉冷静さを見失わないうちに引退する

株を続けているうちに経験を積み、リスク管理などの総合力が上がってきた感じはある。けれども29歳のときにふと「今の自分は、去年の自分に勝てないんじゃないかな」と思った。それから10年経って、今では39歳になっている。

自分の相場力は、とっくの昔に下り坂になっている。資産を別にすれば、頭と体という生物としての総合力では、明らかに下がっている。**だから、今の自分の最大の仕事は、自分を過信せず、適切な引退時期を判断することだともいえる。**

いずれ引退するとして、そのあとどういう生活をしているかはわからない。体がガリガリで暖かいところが好きだから、冬はモルディブとか南半球に行っているかもしれない。だけど、乗り物酔いをして飛行機が嫌いなので、ずっと東京にいるかもしれない。そのときになってみないとわからない。

第4章

職業・トレード職人

ゲームが得意というスキルが活かせる時代に生まれてよかった。トレードとは「お金の奪い合いゲーム」であり今の僕はトレード職人にすぎない。

トレードというのはつまるところ「お金の奪い合いゲーム」。

僕の場合、お金の奪い合いの側面よりもゲームの側面のほうが楽しくてやっている。

もともと僕はただのゲーマー。

それがそのままトレード職人になったようなものだ。僕がもっと昔に生まれていたら、何の取り柄もない人間として一生を送らなければならなかったんじゃないかと思う。

ゲームが得意というスキルが活《い》かせる時代に生まれて、本当によかった。

この時代にトレード職人になっているからこそ、２３０億円という資産をつくることもできた。それで今は、そのうちかなりの額を動かしながら相場をやっている。

億単位の円を動かすことが多いので、「これがもし明治時代だったら、政府クラスの力がなければできないことをやれてるんじゃね？」なんて考えることもある。だからといって製鉄所をつくったりする気はないし、本当はこれ以上、お金を稼ぐ必要もないんだけど。

とにかく楽しいからやっている。


トレード職人の朝は早い。

ふだんは8時くらいに起きて、8時55分にパソコンの前に座る。

だけど100億を超える売買をしようというときは、夜中に3回も4回も目が覚めて、6時半頃から為替《かわせ》を見ながらどうなるのか考えたりする。僕にはそれがすごく楽しい。

昔はアメリカ市場なども見ていて一日中ずっと勝負していたけれど、アドレナリン出っ放しで体調を崩した。

だから今は基本的に前場（午前中）しかやらない。

前場で重要なのは多くの場合いちばん値が動く9時から9時20分くらいまでのあいだ。

それ以降の時間はマンガや雑誌を読んだり、他のことをしたりしながら、横目で少し眺めているくらいになる。後場（午後）はしないで出かけてしまう。週2、3回は投資家仲間で麻雀《マージャン》をして、その後呑《の》みに行く。

◉配当狙いは興味がない。儲からないから

僕は基本的に長期投資はやらない。**明日の株価もわからないで悩んでいるのに、半年後とか1年後、さらには10年後の株価なんて予想できるわけがないと思っているから。**

どこで見たか忘れたのだけれど、世界の著名アナリスト数百人の長期予想の結果が報じられたことがあり、その結果を見てみると正解率が45〜55%を行ったり来たりしていた。それでたしか平均49%くらいだった。コイントスに1%だけ負けるくらい。専門として勉強してきたアナリストでもコイントスと互角ってことは、そこに張るのはそれだけ厳しいということ。

今売られている、あるいは今買われているということは板を見ていればわかるため、買い手にとっては優位性がある。**今ある優位性に張るのは、長期の展望よりは確実なことだ**

と思っている。

そしてトレードが目的であって、社会的な投資、あるいは配当狙いや優待狙いにはまったく興味がない。そういうのはほとんど儲《もう》からないと思っているからやらない。

例外として持っているのが吉野家ホールディングスと松屋フーズホールディングス。松屋は年間に10食が無料になる。

松屋でいえば、食券を買うために並ばなくていいのも機能的。券売機を使わず、しゅっと席に座って「はい」って優待券を出して「牛定大盛り」みたいな。

株を始めたぐらいのときに優待が受けられる最低単位を買って、今も持っている。もう20年近く株をやっているので、なんとなく思い出の品に近い。毎年、少しばかりの配当と優待券が届くので、たまに食べて、だいたい友だちにあげてしまう。

もうひとつ、鳥取に行ったときに、チューブに入っているコラーゲン青りんごゼリーをお土産で買ったら、すごくおいしくて、その商品を出していた寿スピリッツという会社の株を買ってみたことがある。

僕が行ったときには鳥取には空港にさえ人がおらず、大丈夫か？　と不安になった。加えて寿スピリッツの株価もすごく安かった。

倒産しないでほしいと思って買って、2ちゃんねるで「寿スピリッツいいぞ」みたいなことを書き込んだら、次の日にストップ高になっていた。

ずっと放《ほ》っといたのに、このあいだ見たら当時から大きく値上がりしていてビックリして売った。持ち続けても今の資産からすると大きな額にはならないし。

調べ直したらお菓子系のいろんな会社を買収して多角化している大きな企業だった。こっちは倒産しないでほしいと勝手に思っていたけれど、実際はものすごく頑張っている会社だった。

唯一情で持ち続けているのは、僕が叔父《おじ》さんの会社で働いていたサラリーマン時代のメインの取引先だった、とあるゴム製品の会社の株。

会社を辞めて1年後にだいぶお金ができたから「叔父さんの会社への注文を切らないでね」という気持ちでそこの株を大量に買って、今でも大株主として載っている。

とくに叔父さんには報告しなかったけど、電話がかかってきたと聞いた。

「おたくにいた○○さんがずいぶん買っていますが、仕手とか乗っ取りじゃないですよ

ね？」みたいな。

不思議な感じはあった。

以前は営業に行って、納期や品質の話をして粘り強い値下げ交渉を受けていたのに、大株主になってから挨拶《あいさつ》に行ったり株主総会に行ったりすると「○○くん、お久しぶりです」と丁寧に挨拶される。

買ったときは4000万円くらいで、2018年頭には1億円くらいに値上がりしている。経済効率を逸脱してまでそういうことをやる気は基本ないけど、上がっているし勝手に会社を辞めてしまったという気持ちがあるので、ささやかながら。

叔父さんの会社は上場していないから、株を買えないので、その分の気持ちでもある。

◉僕がオールラウンダーになった理由

個別銘柄や日々の勝ち負けはほとんど意識しない。

たとえば10銘柄買って、そのうちいくつの銘柄が上がったか、なんて気にしない。

1日単位の勝ち負けも、見るといえば見るけれども、気にしないといえば気にしない。

相場はずっと続くものだから、考えてもあまり意味がない。

サラリーマンだったときは、給料額と比べて何倍くらい儲かったかを考える感性があったけれど、専業になってからはそういう感覚はなくなった。


小型株が得意とか、暴落したときだけ買うとか、限定されたスタイルでやっているトレーダーもいる。

僕はいろんな手法をオールラウンドに使っているみたいに言われることもあるけれど、その理由は、総資産が大きくなったことにある。

資産が40億円を超えたあたりから、大型銘柄でも先物でもドル円でも、ひとつの投資では資金を効率的に入れられなくなった。

ボラティリティという言葉がある。これは個別銘柄の資産価格の変動率のこと。同じ価格の株があったとして、ふだん10円ぐらいしか値動きしないものに対し、ふだんから100円ぐらい値動きするもののほうがボラティリティが高いという言い方をする。

大きく動く銘柄に大きく突っ込むのが最も効率がいいから、基本スタイルはそこになる。

本当は、値動きがわかりやすく、ボラティリティが高いものに全部入れて、いいところで抜けたら最高。だけれど、数十億円になると、そうもいかない。

僕の大口の注文が簡単に買えてしまうときは天井になりやすい。売っていくと売りが売りを呼んでさらに値段が下がってしまう。

たとえば日本でもっとも時価総額が高いトヨタでも、今の時価では30億円で50万株くらいを買えるけれど、売り買いしている途中の流動性リスクをけっこう取ることになる。

相場がちょっとあやしくなってきて、みんなが逃げ腰になると、トヨタでも1%＝60〜70円くらい売っている最中に下がってしまう。

今は手動の大きな売りに反応するアルゴリズムもあって、トヨタですら効率よく入って効率よく抜けるには30億円がギリギリくらいだと思う。

そういうこともあり、資産が大きくなると、個別銘柄には効率的にお金を入れられなくなる。たいした戦果もあげられないのに、いい銘柄を見つけようとして残りのお金を遊ばせてしまっているようでは意味がない。

そういう事情もあって、ビットコインなども含めて儲かりそうなものすべてを見ざるを得なくなった。

今の取引は日経平均先物が多い。だいたい取引額は５００〜６００枚。日経平均が２万円だとすると、100億～120億円ぐらいまでは買うことがある。普段は様子見で200枚ほど。で今日も1500万くらいエントリー料を払って負けました、みたいな日が続いたりする。

でもそうやって毎日相場全体の地合いを見ながら、場が大きく動くタイミングを逃さないようにしている。

日銀やトランプが動くといったこともきっかけになり得るので、そういう要素がないかもいつも見ているということ。

大きく勝つための異変を常に探しているともいえる。

そもそも自分の注文で大きく株価が動くほどの売買は不利になるのでやりたくない。

1000円から買い始めて1100円で買い終わったとしても、不自然に上がった株は、他の買いを呼ぶので、平均購入単価は1060円くらいになる。

で、1100円から売り始めて1000円で売り切ったとすると、売りが売りを呼ぶから、平均売却単価は1040円くらいになる。

大きなロットを売り買いしているだけで、お金は減ってしまう。

だから1000円から買い始めたとすれば1010円にいかないくらいまでの分しか買いたくない。

そうすると購入時と売却時の差額が2円、0・2%くらいに抑えられる。

実際には板を見ながらやっていて、もっと効率よく買えているけど、この差額が大きくなってしまうような買いはしたくない。

◉不動産投資は罰ゲーム

不動産投資もやってみたけれど、投資というよりむしろ強制労働に近い気がする。

リーマンショックのあと、不動産価格が暴落したので、勉強のためにビルを買った。

家の近くにコンビニがなかったので、近くのビルを買ってコンビニを入れたらラクなんじゃないかと考えたのも理由。

今は東京にビル2棟、マンション1棟、名古屋にビルの一部を持っている。

その結果わかったのは「やめておけばよかった」ということ。

ビルオーナーというと、うらやましがられるようなイメージがあるんだろうけれど、大間違いだった。全然儲からない。

　僕が持っているビルは時価で20億～25億円。そこから入ってくる家賃収入は、税引き後で3000万円もないくらい。1・5％にも満たない。

　土地の値段は変わらないにしても、建物は経年劣化していく。テナントも思うとおりには入らない。

　いずれ大規模修繕が必要になることまで考えると、利回りは1％もない。

　加えてさまざまな書類を書くなど、大家としての義務がたくさん発生する。その上すぐに売れるものでもない。

　ビルを買えるほどのお金があるなら、他のことをやったほうがラクだし、お金になると思う。単純にアメリカ国債だって2～3％もらえる。

　もうちょいテクニックを使うなら、潰《つぶ》れる心配がなさそうなアメリカ企業の債券を分散して10個ほど買えばいい。企業の既発債の平均が4％くらい。米国が低金利政策を行っていたときにはひと月のドル円の為替リスクを0・1～0・2％で完全ヘッジできた。

　こういった債券を買うのは少しテクニックがいるけれど、不動産を頑張ってやる労力に比べればはるかにラク。大家としての義務はなくなるし、利回りも4～5倍はあるし。

ビルオーナーというのは、そういう立場になって気持ちよくなりたい人はやればいい。僕からすれば、まったくオイシイことはなかった。

大げさではなく罰ゲームを受けているような気持ちになる。

ちなみに自分自身は、賃貸マンションに住んでいる。

最初に実家を出たときに資産は2億円だったけれど、住んだのは家賃28万円のマンション。その部屋を選んだ理由は、麻雀しに行くのに便利だったから。

そのあと子どもが生まれて、お金が増えたこともあって、今のマンションに移った。家賃は駐車場2台分付きで、月180万円。タワマンではなく低層マンション。個人的には高いところに住む価値がよくわからない。外出に5分かかるわずらわしさのほうが大きい。

お金を払って借りているとラクだから、持ち家を買おうという気はない。不動産を持つのはビルオーナーで懲りた。

今のようなマンションで家賃を払っている立場だと、電球が切れたとフロントに言えば、持ってきてくれるのもいい。注文していたペットボトルの麦茶の箱が届いたときには、部屋の前まで運んできてくれる。洗濯物をフロントに出すだけでクリーニングに持っていってくれて受け取りもやってくれる。

持ち家を建てて、一国一城の主《あるじ》になりたいというような感覚はまるでない。そんなのはただの自己満足だと思っている。**箱買いした麦茶を部屋の前まで持ってきてもらえる快適さのほうが、僕にとってははるかに重要。**

◉投資でもっとも大切なのは効率

相場の友だちの一人が40歳くらいのとき、5億円ちょっと出してマンションを買った。それ自体は良くも悪くもないと思うけど、そのときの彼の総資産が7億円。残っているのが1億円ちょっとだった。

それはありえないでしょ！

彼の言い分としては、相場をやっている限り明日がどうなるかわからない、だから奥さんや子どもに確かなものを与えたかったと。

そんな非効率なことをして、なぜ相場をやっているのか！　とツッコんだ。もう買ってしまった以上、最善の策は、損になってもすぐ売ること。そうじゃなかったら、そのマンションを担保にできるだけお金を借りることだと思いっきり説教した。

相場をやっている限り、持っているお金の量が力になる。

投資家でうまくいっている人ほど、投資以外のお金の使い方は守備寄り。

1億円稼いだら600万円使っていい、くらいの感じ。

1000万円使ったら、使い過ぎに感じる。

タネ銭をなくしたら大きい勝負はできなくなり、大きな勝ち方もできなくなる。

僕自身は大きく勝てる勝負を見つけて、できる限り全財産に近い額をぶっこむのがいちばん効率がいいと思っている。

だから値動きの激しい銘柄を狙うし、そこで勝負できるお金を最も大事にしている。

僕は効率がすべてだから、彼のような行為は絶対にしない。僕の感覚からいうと、彼は20〜25%くらいの確率で相場の世界から退場せざるを得なくなると思っていた。

でも結局、彼はそのマンションを担保にお金を借りることもなく、またタネ銭を増やすことができた。トレーダーとして間違っていると、彼にそのときの話になるたびに言っているが、そういう人もいるから面白い。彼の名前は降臨《こうりん》という。かなり昭和のギャンブラーで、当時ヤクザのような外見をしていたけれど、今は丸々した好々爺《こうこうや》みたいになった。

今の僕の資産の内訳は、ずっと持ち続けている株が1%弱。金とプラチナが2%。不動産が10%。再保険商品が10%。外貨建債券などが6%ぐらいあって、残り70%ほどは現金。**だからキャッシュで160億円ぐらいある。で、勝負するときには、税金の引き落としとかの口座に入れている10億円をのぞいた150億円をトレードに使っている。**

金とプラチナは、万一すべてを失ったときのための保険。**家族の生活分くらいは別にキープしておいたほうが、相場を思いっきりやれると思っていることが大きい。**といっても、もし東京に爆弾を落とされたりして他の資産がすべて吹っ飛んだりしたら、僕の体力では金とプラチナもすぐ奪われてしまうかもしれない。そうなれば保険としての意味はなくなるけれど。

不動産と再保険商品は勉強のため。不動産がいかに罰ゲームなのかは、もう十分わかった。

持ち家に興味がないだけじゃなく、高い時計が欲しいとか、車が欲しいとかいった願望もまったくない。ブランドにも興味がないので、着ている服はユニクロなんかが多い。靴とかも含めて、身につけているものが高いか安いかは気にしない。エルメスのカシミヤセーターは機能性がいいから買うけど。

芸能人と交際とか、そういう欲望もまったくない。知らない人と会うのは疲れるだけ。軽飛行機やクルーザーも持っていないし、別荘も持っていない。その手のものは所有するより、お金を払って借りたほうがラク。

高めの買い物といえば、ワインやシャンパンくらい。それも別にどうしても飲みたいというほどでもない。

あとはスマホゲームのガチャ。今やっている「リネージュ2 レボリューション」というゲームでは9000万円ぐらい課金している。車が買えるレベルで課金するというのはたまに聞くけど、家が買えるレベルで課金する人は少ないと思う。

◉「いい人」になれば簡単に破産できる

お金持ちになればわずらわしいことも増える。

ツイッター経由で、ものすごい数のメッセージがくる。そのなかには、お金を貸してくださいい系もあるし、出資話もある。

お金を貸してください系は「娘が難病になってお金が必要になった」みたいな感じ。出資話はお金の桁《けた》が変わって「会社を買いませんか」とか「仮想通貨のＩＣＯを経営者側になってやりませんか」とか、10億円単位の話が多い。

２０１８年は仮想通貨絡みのよくわからない話がすごく増えた。相場を楽しんでやっていて、さらに相場で戦えば勝てる僕が、わざわざあやしい話についていく理由がまったくない。

面白いのは、娘が病気と言ってきたアカウントから、１か月後くらいに違うストーリーのダイレクトメッセージが届いたりすること。「事業をやっていて、目の前の決済さえクリアできたら、このまま事業を続けられる。年間○億円の利益がある会社なので、かならず返済できます」みたいな。せめてアカウントくらい変えたほうがいいんじゃないのか。

一回そういったメッセージの要求額を足していったことがある。すると、半年で僕の資産を超えてしまった。**破産するのなんて簡単なこと。半年くらい「いい人」になって、そういう話を全部、受けていればいい。**

友人知人からも、お金を貸してくれないかと言われることは昔から多かった。

昔なら50万〜100万円、今なら100万〜1000万円といった金額。言われるまま貸したとして、返ってこなければ人間関係が悪くなりそうな金額ではある。

人生で2回だけ、親しい友人が本当に困っていたときに、必要そうな額を見積もって、その10分の1をあげたことがあった。

貸すのではなく、あげる。金を貸すときはどぶに捨てる気持ちでというけど、少しでも戻ってくると期待するともやもやが残る。だからこれが僕の最大限の協力だよって渡す。

そうすると、金銭的なダメージも人間関係のダメージも少なくて済むし、こうした場合はそういう相手はきちんと復活してくれる。返そうとしてくれる人もいるけど、今度、飯でもおごってね、みたいな話で十分。

僕からお金がほしいのであれば、投資の世界で僕に勝つか、めちゃくちゃ面白いゲームを作って課金させてほしい。

◉人のお金を運用する意味がわからない

お金を運用してほしいともよく頼まれる。たとえば「100万円を預けるから、増えたら増やしといてくれませんか」みたいな話はすごく多い。

人のお金を預かると、ものすごくプレッシャーを感じるので絶対にやりたくない。**最初は失敗してもいいと言っていた人でも、お金が減ったときの恨みはすごい。それは経験的に知っている。**

成功しても自分の利益にはならないというのに、どうしてそれほど恨まれるリスクを背負わなければならないのか。全然リスクとリターンが見合わない。

100万円を預かって、3倍に増やしたとしても、たった200万円の利益しかない。その労力やわずらわしさを考えたなら、増えるだろう予定金額をあげちゃうほうがはるかに気楽だとすら思う。

自分から「運用してあげようか」なんて言う人は、たまたま儲かっているだけで損したらどこかに逃げちゃう人か、詐欺かのどちらかだと思う。

もし自分がヘッジファンドを始めようとしたら、少しはお金を集められるかもしれない。でも、人のお金は責任があるから気楽にやれない。会社にして出勤するのも大変。

シンガポールに移住して村上ファンドみたいなやつを立ち上げて……というのは、自分にはムリ。僕はトレード職人で、ファンドを立ち上げるような総合的な才はないし、世の中のために頑張るような志もない。

◉年金マネーに群がる魑魅魍魎たち

もう何年も会っていない昔の知り合いから、ヘッジファンドをつくって、年金の運用を受注したという話を聞いたことがある。その額は50億〜100億円。

あくまで聞いた話で、年金運用すべてではないかもしれないけれど、「任された時点で上がり」の世界だったそうだ。契約によっては年間3%の信託報酬を取れるから、50億円だとしたら1億5000万円になる。3年間赤字だったら解約されるらしいけど、3年間で4億5000万円。それだけ抜けたら十分。

任された時点で上がりのようなものだから、契約するまでが仕事で、あとは極端な話売買しなくてもいい。会社を香港《ホンコン》にでも置いておけば、売買履歴を見せろとはなかなか言われないだろうし。たとえば日本でキャバクラにでも行って3年間遊んでいればいいことになる。

3年間赤字だったら解約されるという条件なら、ワンチャン噴きそうな銘柄を一応、買っておくのもいい。噴いたらまた受注できるし、噴かなかったら「やっぱりダメでした、ごめんちゃい」と言って、それで終了。

この話を聞いたとき、こういうファンドに運用を委託した年金の運用担当者は懲役50年くらいにしたほうがいいんじゃないかと思った。AIJ投資顧問による年金詐欺事件で1300億円ほど消えて、その結果、大きく1社に任せるのはやめようということになった。それでこういう年金詐欺ビジネスが生まれたんだとすれば本末転倒。この話がどこまで一般性を持つかはわからないけれど、年金マネーから1年間に何兆円というお金が手数料としてブラックホールに流れているのは事実。その受注を巡って、ファンドや証券会社の魑《ち》魅魍魎《みもうりょう》がウヨウヨしている。

大手で運用している場合だと、行政側の年金担当者が納得いくような構成比で、日本国債、トヨタ自動車、NTTドコモといった巨大銘柄を機械的に買っているだけの場合もある。ちゃんとしているだけマシだとはいえるけど、手数料がもったいないからやめたほうがいい。

年金はファンドマネージャーに運用を任せる必要なんてない。これくらい大きな資金になったら、優秀なAIを育ててAIに任せるのがいちばんいい。

◉年金を運用したとしたら

投資家仲間には「今の政府の人間なんて信用できないから、お前に年金の運用をやってほしい」みたいなことを言われることがある。当然そんな巨額を扱うなんて全く割に合わないので絶対にやりたくない。ただ思考実験としては面白いので考える。

僕だったら、まず日本市場では運用しない。

年金くらい大きくなると国内で回すには効率が悪くなる。

国内で運用すれば、結局多くの場合で日本人の金を奪ってくるのと同じことになる。日本人のためのお金を日本人同士で取り合っても意味がない。

たとえば米ドル建ての利回りが高くて潰れなそうな社債などに分散投資する。ひと月の

ドル円為替リスクを0・1〜0・2%でヘッジできた時期も長かったし。

そうすれば全体としての利回りが5%ぐらい取れると思う。運用資金が200兆円もあれば、5%で10兆円。それが複利で増えていったら大きい。

変なファンドに任せたりごちゃごちゃやって中間マージンを取られまくるよりもシンプルな設計にすべき。

あと、国のお金の運用担当になったらこんなことができるんじゃないかと思考実験してみることもある。

たとえば民主党政権時代に円高で1ドル76円までいったことがあった。あれは、他の国は金融緩和していたのに、日本はほとんど緩和していなかったのが理由。もし、そういうときにお金を運用できたとしたら、海外の石油とか資源の採掘権とか、発掘できる土地とかをひたすら購入する。

円高だから海外の資産は割安になっていっぱい買うことができる。そのあとで、「日銀さん、ちょっとお札を刷って」と頼む。通貨の信用を上げるのはいかなる国でも難しいけれど、信用を下げて通貨を安くするのは簡単。そうすると円安になる。

そうやって世界の資源の権利を買えば、日本政府としては大きく儲けられる。金融緩和もコントロールしながらやれば、100兆円とかのレベルで儲けられるんじゃないだろうか。

ただ、もちろん国際社会から恨まれるだろうし、どこかに暴力で攻撃されるかもしれない。あるいはアメリカから、「治安を維持しているのはうちらだから、放棄して」と脅されるかもしれない。そうすると何割かは放棄することになりそう。

大勝ちするとやはりチャラにされる可能性が高くなる気がするので難しい。

◉社長になる才能はとことんない

そんなにお金を持っているなら投資の会社をつくればいいと言われることもある。

じつは一度、トレードの会社をつくって失敗したことがある。

会社をつくって、大学の友だちを5人雇った。僕が彼らに株の売買を直接教えたら、少なくとも半分くらいの人は億を稼げるようになるんじゃないかなと思って。

その頃には自分の資産が20億円を超えていて、新日鐵（5401、今は新日鐵住金）などの大きい銘柄が戦場だった。そこで自分の手足が増えたら、自分ではカバーしきれない新興のボラティリティの高い銘柄をやってくれて、どんどん儲かるんじゃないかと。

雇った条件は、月給35万円で、プラス利益の20％。契約更新は1年単位。

彼らは天才というわけじゃなかったけれど、普通の人以上の思考はできて、でもデイトレはやったことがない手垢《てあか》のついていない人たちだった。最適な人たちを選べたし、自分もいいことを思いついたもんだと思っていた。

教えるといっても、僕が指示を出すのでは意味がないし、僕の後追いでもやはり意味がない。そうではなく、売買の王道である順張りなど、基本の理論を教えた。プリントを作っては2週間に一度ずつ全体講義もやった。

でも同じように教えたはずなのに全然違う売買をする。

利食いする人はすぐ利食いするし、損にはすごく耐えられる人とか、すぐ損切りする人とか、買い増しする人とかタイプがバラバラで合理的にはならなかった。

ジャンジャン儲かるかと思ったら、まるでダメ。

みんな、1000万円でスタートして、2年間やった結果、一人だけ2400万円になり、あとはちょいプラスやちょいマイナス。数百万円のマイナスもいた。

勝った人間はストップ高でさらに買い増しなども行っていた。「上がり続けるものは上がる」けれど、実際やるとすれば非常に勇気がいる取引。

全体で見れば、およそ給料の分だけマイナスになった。

35万円×5人×24か月だから4200万円だ。

今から振り返れば、講義したくらいではダメで、売買にはみんなの本能が出ていた。インセンティブもあるので、お金が絡むとその人の本能が勝ってしまう。

学校の勉強や就活で堅実な人は守備寄りになって、ものすごく利幅が少ない売買をしてしまう。また、学校では豪快な「テストあるのに寝坊しちゃったよ」とか「必修なのに全部単位を落としちゃった」みたいな人は、損益も豪快になる。

『インベスターZ』というマンガがある。偏差値がめっちゃ高い中高一貫校に投資部があって、中高生が莫大《ばくだい》な資産を運用して学校の経費を稼いでいるというストーリー。

それと似たようなことをしていたわけだけど、マンガのようにはうまくいかなかった。というか、あのマンガはあまり現実的じゃないと僕は思う。

人間の本能というのはそんなに簡単に攻略できるものではなく、守備型か攻撃型かのどちらかに偏りやすい。

普通の中学生や高校生がいきなり投資を始めて成功するとしたら、運がいいだけ。

あとで述べるけど、昔友だちに打ち子になってもらってパチプロの元締めのようなことをしていたことがある。そのときはごまかされたりしたし、人とのコミュニケーションに疲れてしまって、自分には人を管理する才能はないと痛感した。

ちなみに唯一増やして1000万円を2400万円にした人は、親のあとを継いで不動産屋の社長になった。彼のほうが僕より社長に向いていそうだ。


この投資会社のほかにも、事業をやろうとして失敗したことが2度ある。

ひとつは投資に特化したSNSで「カブトモNet」という名前だった。流行《はや》らずに過疎になってしまい、2011年くらいから更新も途絶えてゴーストタウンになっている。

もうひとつはトレード発注ツールの会社で「Tプラスプラス」という名前。どうにもダメだったので、従業員みんなに辞めてもらって、一緒に立ち上げた投資家のますぷろに株を全部譲渡した。彼が自宅でたまにメンテナンスするようになったら、多少の収入は入ってくるようになったらしい。

そうやって僕の手を離れると黒字化したりする。つくづく事業を興すことに関しての才能はないと感じる。

事業を立ち上げるときには、会社が小さければ小さいほど人員を最小限まで減らし、そのうえで給料を安くするなど従業員から搾取しないとダメらしい。

今考えると、そういうことはまったくできていなかった。

人の恨みを買うのは怖いし、面と向かって「辞めてほしい」とか厳しいことを言うのは精神的に負担になる。

そういうことは僕にはなかなかできない。

株の損切りは得意でも、人の損切りは苦手。

こうした部分の才能のなさについてはあきらめている。

第５章
投資に必要なスキルはゲームで磨いた

今の僕の原点にあるのがゲーム。親がゲームとギャンブルを嫌う人だったら投資家cisは生まれていなかった。

投資にはいろんな能力がいる。

集中力や決断力、継続力といった普通の仕事でも求められるような能力はたいてい相場にも求められる。ただ仕事で求められるそれらと相場で必要なそれらとは、違う能力な気もする。

あと、取引自体をスムーズに行うための基礎的なスキルも必要。

自分が買いたい値段で買うためには、すばやいコマンド入力と値動きに対して瞬時に動ける反射神経が求められる。たとえばジェイコム株誤発注事件のときは手動で買いを入れていた。**キーボードを速く叩けたことで数億の利益が生まれた。**

相手に関する研究もいる。相場のことは相場に学ぶのが一番だから、相場に張り付いてレベル上げをするに越したことはない。事前に企業のことがわかっていれば、現在の値動きの理由について見当をつけることができる。

加えてマーケットは刻一刻と変化する。自分がチェックしていない板でバブルが始まっているかもしれないし、暴落の予兆が出ているかもしれない。いろんな板や指標を同時に見ながらプレイできないと大きく勝つことができない。

僕自身こうした能力はゲームで鍛えた。

とくに、後者の基礎的な能力はテレビゲームやパソコンゲームで磨いてきた面が大きい。とっさにコマンドを入力する動作と反射神経を鍛えたのは「ストリートファイターII」だったし、自分のレベルを上げることの大切さ、相手に関する研究をする事前準備の必要性を学んだのは「ウルティマオンライン」だったし、瞬時に変化する場況を読む広い視野と戦況に対応する能力は「エイジオブエンパイア」で磨いた。

親がテレビゲームをやらせてくれないような家に育ったら僕は投資家になれていなかったと思う。

◉すべては駄菓子屋のくじ引きから始まった

小学生のときから僕はゲーマーだった。

僕が育った場所は、東京都板橋《いたばし》区。

小学生のとき、駄菓子屋にくじ引きがあった。大きな箱に数字が書かれたヒモがついていて、30円で1本引くことができる。僕の世代なら誰でもやったようなやつ。

ハズレもあるし、一番の当たりは200円だった。といっても、現金で200円をもらえるわけではなく、200円分の買い物券。

あるとき、金持ちの友だちが「これ全部まとめて買ったら得するのかな？　ひと箱買ってみようぜ」と言いだした。それでひと箱ではなく2箱買った。

当たりを合計してみると、変換率は90%くらい。お菓子にしか換えられないから完全にマイナスゲー（マイナスサムゲーム）なのがわかった。

だけれど、重要なのはそこじゃない。

事実を知って意味があったのは、2箱とも当たりの数字は同じだったということ。

ということは、その先の当たりの数字もわかってしまう。

もちろん箱のパターンは何通りかあったので、絶対にそれが当たったわけではない。

けれども世の中には期待値が高い法則や攻略法があると知ったのがこの後の人生を大きく変えた。

その後は新たな箱が入ると、とりあえずココとココは抜いておこうと、大きな当たりを引いてしまい、それを友だちに売っていた。

中に当たりが入っているともう一個もらえるあんころ餅《もち》も売られていたが、それもよく観察すると少しだけ大きさが違うことに気づいた。それを見極めてもらったもうひとつを友だちに安く売ったりして、1日に50~100円くらいの期待値の遊びができていた。

小学生のとき、僕のひと月の小遣いは学年×100円だった。だから1年生のときは月100円で、2年生のときは月200円。それだけしか小遣いがなかったから、駄菓子屋の攻略で稼げたのは大きかった。

稼げるだけでなく、当たりがわかるということで友だちのあいだでは「神」扱いされた。

小学生のときには「仮想通貨」を発行していたこともある。

駄菓子屋などで売っているおもちゃの紙幣の裏に僕の名前をつけて、それを友だちのあいだで流通させていた。駄菓子や文房具と交換でその通貨は手に入れることができて、それで僕の家でテレビゲームをして遊べたり、僕の考えたゲームに参加したりすることができた。

たとえばファミコンのゲームで人気キャラとそうでないキャラでオッズをつけてプレイして競う。キャラ選びのさいにサイコロをふったりする。あとは難しいわざで倒すとそこに賞金がのっていたり。

昔からそういうゲームを考えるのは好きだった。

その頃から紙幣を流通させすぎると、その価値が下がるのはわかっていた。僕はそもそも単純にゲームに強かったし、胴元が勝つ期待値が高い設計にしたりするので、常に回収して、またその仮想通貨で駄菓子をもらっていた。

これは1年以上もうまく機能していた。あるとき、貨幣の流通量が少し増えてしまい、そこからインフレがとまらなくなって1か月くらいで機能しなくなった。

今思えばこの原体験が、国家への信頼や株に関するスタンスにも影響しているかもしれない。

子どもの頃から、ゲームはなんでも好きだった。

ファミコンやカードゲームなんかは子ども同士でよくやっていた。勝てたらもちろん楽しいけれど、負けたからといって悔しい気持ちを持ったかというとあまりそうではない。

その頃から勝ち負けの結果より、勝てる確率が高い勝負をすることを重視していた。

たとえば途中段階でこっちの勝率が7割になっていて、そこから低い確率を引いて逆転されたとしても、悔しいとか勝ちたかったという感情はほとんど湧かなかった。**むしろ、有利な勝負をさせてくれてありがとうという気持ちだった。**

今でも結果よりプロセスとして適切な勝負ができているかのほうが大事。

たとえば麻雀《マージャン》で、結果は負けても、最適な勝負ができていたら気分がいい。僕はそういうタイプの人間。

将棋や囲碁のような確率が介在しないゲームも、趣味としては面白いと思う。

けれどもそれらは下手な人が上手《うま》い人に勝てる可能性がほとんどなく、完全に頭脳ゲームというカテゴリーになってしまう。麻雀やポーカーなど、確率が介在して、下手な人が上手い人とプレイしても、そこそこの勝率にはなるものが僕にとっては楽しいゲームだし、経済活動になり得ると思う。

●中3でパチンコを始めて、高校で元締めに

小学生のときは3月生まれだったこともあって、体が小さくてガリガリ。運動会の競走ではいつもビリかブービーだった。生物的には、ほとんどの人が僕より優秀なように思えていた。自分が何者かになれるなんて、まったく思っていなかった。

ずっとそうで、だから今を楽しくやっていければいいやって、それだけだった。

小学生のときには野球やサッカーをやっていたけれど、どっちもいちばん下手くらいのレベルだった。

中学ではなにか部活に入らなきゃいけなくてテニスにした。当時は他に興味があることがいっぱいあったから、いちばんゆるそうなクラブを選んだだけ。

この頃にはルールを運用する人間が力を持つことはわかっていた。だから中3になったときに部長に立候補して、合法的にサボれるようにした。「今日の部活は4時半からな」とみんなに伝えて、自分は帰る、みたいな。

不良も多い中学だったからか、中学時代の成績はずっと学年トップだった。一夜漬けのような形で点を取ることだけを考えて効率でやった。

通知表の成績はよくても、全国模試を受けると、ボロが出た。いいときで偏差値65、悪いときには45くらい。成績はよかったが勉強はすごく嫌いで苦手という意識だった。

パチンコを始めたのは中3のころ。当時はまだゆるくて親に連れていってもらうことができた。次第に一人で行くようになり、勝てるようになってからは週に2回くらい学校をサボっていた。当時はモーニングというサービスがあって朝イチから「綱取物語」という台を2時間とか3時間打ちに行っていた。モーニングがあるおかげで1日あたり平均で7000円くらいの期待値で戦うことができた。

うちは普通の家庭だった。父親は、株も競馬もパチンコもやるサラリーマン。小遣いの範囲内でやっていて、たいていは溶かしてしまう普通のおじさんだった。一方僕はお年玉がもらえても3000円くらいの感じだったから、パチンコで勝てるのは大きかった。

台選びも含めてパチンコ屋めぐりをして、研究を続けた。それで、だんだん日当の期待値は上がっていった。

当時はネットでパチンコの最新攻略法を積極的に公開する風潮が強かった。さまざまな確率をはじめ数学的に絶対的優位性がある情報が公開されていて、そういうものに中学生のときから興味があったから自分で研究していた。

ネットで新しい攻略法が公開されると、その2日後にはその台のシマが閉鎖されてしまうなど、当時は強力な攻略法が出回っていた。

ネット人口が少なかったこともあってか、サービスがよすぎたともいえる。その頃は、自分自身のスキルアップより、ネットで公開されている情報が持つ意味のほうが大きかった。

パチンコ屋めぐりをしているうちに、釘《くぎ》の目利きもできるようになってきた。

そこで、いい台を見つけたら友だちを呼んで、その台を任せるようになった。それが高校生になった16歳のとき。

確率、回転数から、期待日当3万円を目標に、いい台があったら電話で「ちょっと来て」と声をかける。呼ぶ相手も高校生。日給1万円を払って代打ちをお願いしていた。

その方法で高校生のうちに2000万円貯まって、大学でも続けて20歳の時点で貯金は2000万円になった。

◉「バレないようにやりなさいよ」

パチプロの元締めみたいなことをやっていた頃は、何をやっているかはおよそ親にもバレバレだった。換金所の周辺にアブなそうな人たちが待っていることがあって、なんとなくそれが察せられたときには換金しないで、ゴールドの景品を持ったまま帰った。それが家にドサドサと20万円分くらい置いてあるんだから、バレるのは当たり前。

そういうとき、うちの両親の反応は分かれる。

母親は「出るとこ、教えて」みたいな感じ。

それに対して父親は「ギャンブルなんていつまでも勝ち続けられるもんじゃないから、勉強もちゃんとしておかないといけない」「工学部に行ったら就職できるから、そのためにも勉強しろ」と言っていた。

両親の価値観が二つに分かれていたことがよかった気がする。どちらかだけだったら視野が狭くなっていたかもしれない。

高校時代、文化祭のときに競馬好きな友だちと競馬場に行って補導された。

風紀委員長をやっていて、校内を見回りしたあと、ふらりと学校から出て行った。

これも「合法的にサボる」という発想でやっていた。

高校は私服だったから大丈夫だと思っていたら、うっかり風紀委員という腕章をしたままだったから、「高校生だよね？」と捕まってしまった。

「親か学校に連絡しなきゃいけない」と言われたので、「じゃあ親で」と親を選んだ。

家に帰ったら、母親に「あんた、バレないようにやりなさいよ」と言われた。母はだいたいそんな感じだった。

中学では学年トップだったのに、高校の成績は学年300人中250番くらい。遅刻と早退を繰り返して学校にもあまり行かずにパチンコをしていたから、自分でもどうしようもないやつだと思っていた。

授業を受けていない科目や分野はけっこうあるから、中学や高校の勉強的な素養は抜け落ちすぎていて、自分の子どもたちに勉強を教えることができない。

高校時代、パチンコの景品のカップラーメンをロッカーに詰めておいて、欲しい人は勝手に食べていいことにしていた。そうすると瞬殺で、あっという間になくなる。それもどうかなと、途中からは1個50円にした。その値段だと安く食べたい人だけが持っていくので、いい感じの減り方になる。僕はそんな感じでおそらく変わったやつだと思われていたと思う。

当時からまったく新しいようなゲームがあれば、だいたい人より強かったと思う。たとえば大学に入ったあとには「ウルティマオンライン」をものすごくやっていた。寝ているあいだに経験値を稼ぐためのマクロプログラムを組んだりもしたし、大会に出るときは自分のレベルをマックスにするだけじゃなく、相手の研究もしたりして勝てる戦略を練った。**で、大会で1位になった。**

その頃から少しずつ、考えることが増えていった気がする。

パチンコの台選び、お金の配分、人の扱い、学校の単位をどう取るか……とか。
そういうことに頭を使っていて、自分と他人を比較するような発想はなかった。

この本の構成をしてくれている福地さんに「男の人生って、金か地位か女のどれかがないと自信を持てないところがあると思わない？」って質問されたけれど、そういう考え方をしたことはいまだにない。

金は普通の高校生や大学生と比べたら持っていたけど、それがあるから自分は人より秀でているとは思っていなかったし、別にそれは今も変わらない気がする。

◉麻雀のネット交流で「学び方」を知る

高校を出て、法政大学の工学部に入った。

工学部を選んだのは父親の影響。父も工学系で、「文系の勉強は自分でもできるけれど、工学部の勉強を自分でやるのは難しい」と言っていたから。

高校生の頃からパチプロとして稼いではいたけど、その先、稼げなくなる可能性はある。普通に就職してサラリーマンとして生きていく可能性もそれなりにあるとは考えていた。それも大学の工学部へ進んだ理由。

そこでもギャンブルで金を稼いでいた。

大学は朝10時に行って、まず打ち子に10万円渡す。そのあと、夜10時に行って、最初の10万円プラスマイナスその日の勝ち負け分を受け取り、日当を渡す。ほぼそのためだけに行っていた。

あとは麻雀のメンツを探しに行く感じ。4年のときは帳簿でやっていて、1000点50円でも最終的には帳簿上で数十万円の勝ちになった。結局取りっぱぐれたけど。

その頃、ネット麻雀の「東風荘」をやっていて、R（レーティング）が2000、最高で2100あって、世の中的にもかなり上位にいたと思う。だから普通の大学生とは実力差がありすぎた。1半荘《ハンチャン》あたり7、8ポイント勝っていた。手が相対的に早くリーチが多くなり、素点も祝儀（チップ）も両方勝っていた。

2ちゃんねるに麻雀の板（掲示板）があって、最強の板長を決めようぜ、みたいになったことがある。**僕がそういう大会にも「だいたい勝つよ」と言って参加して、実際優勝もした。**

当時、ネットで研究している人たちは新しくて有効な戦術をいろいろ展開していたので、そういうのをしつこく教わった。自分とはちょっと違う打牌《だはい》があったら、どういう理由でそう切ったのか、その理由を詳しく聞いたりした。

ドヤる一方で、聞きまくり。基本的に僕は人の話を聞くほうだと思う。

新しい戦術で、数学的に考えても絶対に正しいだろうというようなものは即採用して、

カメレオンのごとく打ち筋を変えていった。後に相場も同じスタイルで戦っている。

高校生の頃からパチプロとして日々稼ぐようになって、学校の単位もずっとギリギリだったこともあり、アルバイトはしたことがない。アルバイトとはいえ、仕事としてやる以上は責任が発生するから、時間を取らなきゃいけないし、体調管理だって必要になる。

大学生のときにやりかける寸前までいったのが山崎製パン、いわゆるヤマザキパンの工場での深夜労働。日給3万円の2日間。冷蔵庫に入って柏餅《かしわもち》を作る仕事だった。友だちがみんな「行くわ」といっていたので、人生経験も兼ねて参加してみた。そこでは柏餅が傷まないように0度だか1度だかの環境で作業する。その場所が寒すぎて説明を聞いたところでリタイアした。体調が悪化してしまう確率を考えるとワリに合わないなと思ったから。

とりあえず人生経験として、山崎製パンはすごく衛生管理がしっかりしていることはわかった。山崎製パンの株、買ったことないけど。

◉2000万円で人生は変えられない

大学の卒業が近づいていた頃、パチンコで稼ぐことには限界を感じていた。パチンコをやっていて、いちばん難しかったのは人の管理。

まず出玉をちょろまかす人が多かった。毎回1箱少ねえなみたいな感じ。ちょろまかされたときはだいたいわかる。こちらの勘違いもあり得るから1回目は大目に見て、2回目にはクビというか、もう頼まない方針にしていた。

ノウハウをつかんで独立してしまう人もいた。こっちに悪さをされるわけじゃないけど、難しい部分。人を使うことの難しさを痛感させられていた。

お金が絡むと、人は自分が得する方向に動く。バカ正直にやり続けてくれる人は少ない。

最後まで信頼できた相手は、中学の同級生の3人だけだった。この3人はその後、サラリーマンになっていて、今もたまに遊んだりする。

人を使うには求心力が必要というか、手伝ってくれる人には楽しさも与えないといけないので、仕事が終わったあとに焼肉を食べに行ったりする。

そういう費用も含めて、経費が利益のちょうど半分になっていた。パチンコにいろんな規制もかかってきていたし、この先もずっと同じようにやっていけるとは思えなかった。

単純に、パチンコがあまりいい仕事だとは思えなかったこともある。

まず音がうるさくて、空気が悪い。すごく真剣に動き回って、日当期待値が２万円あるかどうか。それで労働時間が13時間プラスアルファ。これではなかなか厳しい。

そういうこともあって、元締めをずっとやっていこうとは思えなかった。

20歳の時点で２０００万円貯まっていたわけだけど、その額では人生、変わらないと思っていた。

だけれど、３億円貯められたなら人生が変わって、仕事を趣味にできる。そんなふうには思っていた。

その当時は就職氷河期で、厳しいことばかり言われていた。

どこかに就職できて、毎月20万円の給料をもらえるのはありがたいことなんだって、みんな言っていた。だけど僕はパチンコでけっこうな時給を稼げるようになっていたから、朝から晩まで働いて月20万円というのは受け入れがたいところもあった。まあ実際にやってみると素晴らしいシステムだとは思ったけど。

だから就職しないで生きていく道を探していた。

そこで本格的に始めようとしたのが競馬だった。

パチンコでは大きく稼ぐことはできないけれど、競馬なら大きく張ることで、大きく儲《もう》けることも可能だと思ったから。

競馬では、レースを見て馬の実力係数を考えるような研究もやったけど、結論からいえばまるでダメ。

回収率は81％程度までに上げるのが限界だった。一般にＪＲＡの払戻率（場代を引いたみんなで分け合う取り分）は馬単とかだと75％。研究の成果で6～7％分ぐらいは勝てるようになったけれど、全然歯が立たない。

勝負していたのはＪＲＡ。土曜の平場のレースになると、10万円買った程度でもオッズが少しは動いてしまうので、もっと規模が大きくないと勝つのは難しいと思った。そう考えると、大きな勝負がしやすいのは、たいがい週に1回の日曜日だけになる。それしか勝負の場がないのはちょっと不便だなというのもあった。

当時は若かったから、競馬を研究することで実力が上がっていた手ごたえはあり、それにかけていた。研究の精度を上げればいずれ損益分岐点を突破できるんじゃないかとも思っていた。

そうして続けているうちに１０００万円負けてしまい、ようやくあきらめて、投資で勝負することになる。

今では損切りを得意にしている僕だけど、このときは損切りが少し遅かった。

第6章
億万長者になれたのは2ちゃんねるのおかげ

相場で1000万以上溶かしたタイミングで、2ちゃんねるの仲間と出会った。彼らとの出会いがなければとっくに相場から退場していたかもしれない。

ネット証券に口座を開設して300万円入れて株をスタートしたのは2000年の夏。僕は21歳だった。

20歳までにパチンコを中心につくった2000万円を競馬で1000万溶かして、預金が1000万円ほどのときだった。

当時は金利がすごく下がっていて、小学生の頃には7％くらいあったものが0・1％になっていた。これじゃ銀行に預けておいてもしょうがないというのがまずあった。ちょうどその数年前に、金融ビッグバンで証券会社の手数料も自由化されたので、これはチャンスがあるんじゃないかと思ったわけだ。

ちなみにはじめて株を買ったのは高校生のとき。その頃ちょうど、セブン‐イレブン・ジャパンが1対1・1という謎めいた株式分割をよくやっていた。８０００円の株を分割して1株７０００円になったのに、それがすぐまた８０００円に戻るみたいに分割するたびに実質的な株価が上がっていた。

「だったら、分割している株を買えば儲《もう》かるんじゃね？」と父親と話をして、僕も10万円だけ出して一緒に買ったのが始まり。

そのセブン‐イレブン株は無事上がったけど、僕の取り分になるはずのお金は父に吸い取られた。

それから21歳で口座を開設して株を買うようになるまで、株はやらなかった。2ちゃんねるでは「5年間勝ち続けた」と吹いていたみたいだけど、あんまり覚えていない。

ただ、その経験があったから株価をチェックするようにはなっていて、ボラティリティは摑《つか》めるようになっていた。

そのこと自体はよかったといえる。

株を始めてから最初はずっと負け続けた。

持ち金の残り700万円や、月々の給料も口座に追加したのに、口座の残高はいちばん減らした時で104万円になっていたから、結果1000万以上溶かしたんじゃないかと思う。一時は親に株券を借り担保にするまでになって、そしてとられてしまった。その株券がとられたことは最後まで親に言えず、勝って資産を増やした2年半後に、実家の建て替えのときのお金を出して相殺という話にした。

それでも、株は3年やってみよう、と思っていた。

3年間、研究して頑張っても芽が出なかったら、他の新しいこと、楽しめてお金が稼げる分野に行こうと考えていた。あと2年、すり続けるなら、持ち金の全額を入れてまで本腰を入れてはやらない。勝てなくても楽しければ、趣味として残すことはあるかもしれないけど……というのが僕の気持ちだった。

今でも思うけど、基本的にすごくうまいトレーダー以外は、投資の世界で勝つか負けるかは紙一重で、たまたまの結果。

市場金利、あるいは経済成長率とか国債金利やインフレ率とか、そういう経済指標で自動的に上がる分以上に勝てる投資はたまたまでしかない。うまくいっているようでもリス

クが見えていないだけか、詐欺に遭っているかの、どちらかだと思う。

◉2ちゃんねるのオフ会で勝ち方を教わる

僕が勝ちに転じたのは、2ちゃんねるの株板のオフ会に行ったのがきっかけになっている。逆に行かなければとっくの昔に株の世界から退場していたかもしれない。

当時はデイトレード創成期で、2ちゃんねるもはじまったばかり。フロンティア中のフロンティアみたいな集まりだった。

男性が6人ほどで、女性は2人。男性メンバーのなかにuoa、すくる〜じとびびりおんがいた。今だとuoaはおそらく200億とか300億とか、すくる〜じとびびりおんは数十億ぐらい持っていると思う。

集まっていた男性の半分がそれだけ勝っているんだからすごい。

そのときには、ふだんは引きこもりのようになっていても、同好の士と交流する場があれば、出て行って情報交換する積極性は大切なのかもしれない、と思った。

そのうちの一人、びびりおんとは電車で一緒に帰った。

年齢も同じで、オタクっぽくて、なにか気が合いそうな感じがしていた。

彼は人付き合いがあまり得意そうじゃなくて、座席がひとつだけ空いていたら何も言わずにシュッと座ってしまった。僕が吊革《つりかわ》につかまりながら「何を買ってるの？」と聞いたら、目線を合わさずに「ダイドードリンコ」って一言。理由を聞いたわけじゃないけど、TOPIXに組み入れられると自動的に上がるから、それが狙いなのはすぐわかった。

そのオフ会の効果は大きかった。

当時の僕は負け続けていて、割安株を買う長期の方法ではダメだとうすうす感じていて、他の方法を模索していた。新たに向かうべき方向について、そのオフ会で確信を得た。それは実際に億単位で勝っている人たちがやっている方法だ。

割安とか割高とか、将来この会社は業績が伸びるはずだとか、そういった要素は、自分が勝手に思い込んでいるに過ぎない。勝っている人ほど、短期の値動き、かつチャートや指数組み入れなどの理由がある株を買っていた。

「今ある優位性」に張る。

そのオフ会をきっかけに、長期トレードをやめて、値動きだけを見る短期トレードに変えた。すると、それまで負け続けていたのが嘘のように連戦連勝になった。

情報を引き出すという目的で参加していたわけではなかったけど、オフ会にはこういう効果がある。

重要な情報ほど、口コミが最強。


そのとき会ったびびりおん、すくる〜じとは今も麻雀《マージャン》で週に何度も会っている。

その後、自分でも2ちゃんねるで募集して、ときどきオフ会を開いていた。突発的に「1時間後に銀座《ぎんざ》に来れる人募集」みたいないい加減な告知方法で。

銀座のときは80人くらい来た。銀座なのにメガネかけてリュックの人がやたら多くて、ありゃりゃみたいな感じで楽しかった。思いつきで決めたので会場のアテもなく、ホテルの宴会場みたいなところを予約したら「当日なのでキャンセル不可の一人3万5０００円になります」と高かった。３００万円くらい払った。まあ興味ある分野で人と交流するのは好きなので、多少お金がかかっても不満はない。

でも、やっていくうちに雰囲気がだんだん悪くなってきた。株で負けている人が酔っ払うと荒れるみたいなケースが増えたから。負けている人がその場にいる人を殴ってしまうなどのケースがあって、これは楽しくないなと思った。

2回連続して二次会でトラブルが起きてからは、こういう飲み会は開かなくなった。

◉サラリーマンとの「兼業」は難しい

その後は、サラリーマンを続けているあいだに負けたお金は取り返すことができ、資産を増やせた。

総資産が1800万円になった頃に中国出張に行くことがあった。

その頃は、銀行に不良債権処理のための公的資金が入って、銀行株がバンバン上がっていた。自分が持っていたのは三井住友フィナンシャルグループとUFJホールディングス（当時）。信用取引も込みでレバレッジ（委託保証金の数倍とか、ものによっては数十倍、数百倍の取引ができるようになるシステムのこと）をきかせて、3000万円分の株を持っていた。

そのときの信用取引のレバレッジは、現物を買って、その掛け目80％に対しての3倍だったから、3・4倍が最高値。レバレッジを効かせている場合、担保にしている現物が下がると、評価額はその3・4倍のスピードで下がるので、お金がギュインと減る。

出張の当日、午後3時発くらいのフライトだったけど、携帯で株価を見たらストップ高。このまま翌日の寄り付きまでは上がっていく可能性がすごく高かった。

1800万円の資産で、値動きの激しい株を3000万円も持っているのは、かなりアブナイ。中国では当時の日本のガラケーでは電波が入らなかった。日経平均とニューヨークの株価指数くらいしかわからず、それも中国語と英語での情報だけ、という状況。出張で会社からもらえるのは、手当込みで1日2万円とかそのくらい。このときは結局、「うん、これは死ぬ覚悟で持ち越すか」と考えるしかなかった。

結果は……というと、出張に行った翌日は上がって、次の日に暴落して、その次の日に帰ってきた。そのときにはまた上がり、行った日の値段を超えていたから、ほんとにいいタイミングで帰ってくることができた。

中国出張に行かなかったとしたら、僕のスタイルでは、ストップ高からの寄り付きでは売らずに、下がってきたら売っていた。また上がってきたら、ふざけんなよって買って、ロスが生まれていたはず。なのでそのときは出張に行って、むしろ結果オーライだった。

中国出張での経験もあり、サラリーマンを即辞めようと思ったわけじゃないけど、やっぱり不便さはあった。

営業でお得意さんのところに行っていながら、「ちょっと携帯、ちょっと携帯」と5分ごとに携帯を見ているわけにはいかない。

で、営業が終わって帰りの電車の中でやっと携帯を見られて「おぎゃあ！」みたいなことも増えた。

ギャップダウンといって、お昼休みを終えたときに後場が下がって始まるときには、僕のスタイルでは売る可能性が相当高い。営業に行っていると、それが起こって、さらに下がっていることが多かった。

コレ、営業に行っていなかったら50万円だったのにな、100万円だったのにな、200万円だったのにな……という損失金額が、資産の増加とともにどんどん上がっていった。

●総資産が6000万円になり会社を辞めた

総資産が3000万円くらいになっていたとき、ソフトバンクグループ（銘柄コード9984）をほとんど全力で買っていたら、旧ソフトバンクBBによる個人情報流出問題が起きた。

ソフトバンクグループとしてはたいした事件じゃないと思うけれど、そのときのソフトバンクグループの株は値動きが激しくて、ストップ安になりそうな気配だった。

そこで会社に電話をかけて「ちょっと熱が激しいので、今日は大事を取って休みます」みたいな。**熱が激しかったのは、僕の体じゃなくてソフトバンクだったんだけど。**

そのときは結局、ストップ安までいかずに寄って500万円負けた。3000万円中の500万円だから、かなり大きな負けだった。

会社を辞めて専業トレーダーになったのは、総資産が6000万円になったとき。4000万円くらいの段階で、これはもうこの道でいけるだろうと僕は踏んだ。

周りのトレーダー仲間と比べてみると、専業になるタイミングはだいぶ守備寄り。

一般的には6000万円ではまだ不安かもしれないけど、トレーダーで成功している人は、仕事を辞めるのが資産5000万～1000万円のタイミングが多かった。

ますぷろという友人は資産2000万円で仕事を辞めてトレーダーになった。中卒で鳶《とび》をやったり消費者金融で働いたりした後にプログラマーになり、辞める直前には創業期のドワンゴにいた。

ドワンゴでもらえたはずのストックオプションだけで2、3億円あったから「失敗やったわ」みたいな感じで言っていたけれど、今となっては資産10億円くらいになっている。なかには400万円を溶かして20万円で再出発し、やっぱり今10億円ぐらいにしている降臨《こうりん》という人もいる。この人が第4章で例に出した資産の半分以上のマンションを買った人。

もちろん1億円ぐらいあって投資家になって失敗した人もいるだろうから、どっちがよかったかは結果が出るまでわからない。

会社を辞めたとき、社長の叔父《おじ》さんは「自分でやっていけるなら素晴らしいじゃないか」と言ってくれたけれど、従業員や取引先の人たちは「若い人間がようやく仕事を覚えて、使えるようになってきたなと思ったらそこで辞めるのかよ」みたいな感じだった。

ちょっと寂しいところもあったのかもしれないけど、嫌味でもあり、うらやましくもあり。そんなニュアンスだったように思う。

◉勝ち続けた日々は、抜け毛もすごかった

会社を辞めて専業トレーダーになってからは、お金も増え続けた。

2ちゃんねるでは「お前、嘘なんじゃねえか」「こいつ嘘ばかりゲラゲラ」って言われるほど勝っていて、すごく楽しかった。

その一方で、抜け毛がすごくて、お腹をくだす頻度も右肩上がりだった。永遠に高値更新で、今年はもう200回、お腹をくだしている、みたいな。

病院が大嫌いで、ふだんはまったく行かないのに、あまりにも調子が悪すぎるから、何が原因か診てもらおうと思って病院に行って、人間ドックもやった。

専業トレーダーに限らずフリーの人たちは会社で健康診断を受けないので注意が必要。

人間ドックでは「腹水が溜《た》まっています、スキルス胃がんという進行が早いがんの可能性が高いので、精密検査をしてみましょう」と言われてしまった。

ビビりながら胃カメラを飲んだら、「おめでとうございます、大丈夫でした」と。

腹水が溜まったら余命はあと1年ってネットに書いてあったから、「コレ、死ぬのか？でも、死ぬ感じはしないな」って思っていた。

ピロリ菌じゃないかとも言われて調べたら、ピロリ菌もいなかった。

ただ、白血球数が基準値の3倍以上になっていた。

それが唯一の異常点。

そのとき肌荒れも激しかったから高須クリニックにも行った。診てくれたのは高須先生じゃなかったけれど、担当の先生には「仕事を辞めたら、よくなりますよ」と言われた。

その見方が正しかったようだ。

人間の仕組みとして、興奮状態にあったり集中したりしているときには、狩りの本能で、ケガをしてもいいようにと白血球数が増えるらしい。白血球は、外から入ってきた菌を撃退するものだから、ケガをしたときには必要になる。寝ているときには減るものだけど、興奮状態が長すぎて白血球数が増えていたということだ。

高須クリニックの先生なら「なにか体調が悪いんだけど」的なお金持ちの人たちを診るケースも少なくないだろうから、こいつもやりすぎだなってわかったんじゃないかな。

抜け毛のほうも、円形じゃなくて完全脱毛状態。全体にすごく薄くなって、もうすぐハゲる人、ってとこまでなっていた。

考えてみると、資産6000万円で専業になって、それからは勝ちまくりで、資産も十数億円にまでなっていた。

そのあいだはアドレナリンが出っぱなし。

夜は疲れて寝るけど、すぐ気になって起きてしまい、アメリカの銘柄を何十個かモニターに映して、眺めたりしていた。

ずっと勝ち続けていて楽しかったけど、あまりに没入しすぎて、体がついていかないみたいな状態になっていた。

たとえば専業トレーダーになって2年目のゴールデンウィークに妻と一緒に旅行したことがあったけれど、ゴールデンウィークの途中に平日が2日あって、その日にわざわざ相場をやるために東京に戻ってきていた。乗り物酔いするからなるべく飛行機なんて乗りたくないのに、1日だけ相場をやるために九州から東京に戻って、すぐにまた九州に戻る。そのあいだ妻には一人で観光してもらっていたりした。

目の前をマンモスがいっぱい通っていくのに逃すわけにはいかないよ、みたいな感覚。

その年は20億円ほど稼いだから、時給にしたら100万円は軽く超えている。そうなると、どうしても休めなくなる。

目の前を通っていくマンモスを逃したくないし、目の前に落ちている宝箱を開けたい。

その後は前場しかやらないようになったため、体調は劇的に良くなった。午後にやる麻雀や他の遊びでは、そこまで興奮しないから、それだけ体は休まる。

◉「1億2000万持ってます、彼女募集中」

一ゲーマーとしてやっぱり投資家の素養はあったと思うけれど、いろいろ振り返ってみるとやはり時代に恵まれた面も大きいと感じる。

話が少しズレるけど、今の妻との出会いも2ちゃんねるがきっかけだった。

専業になりたての頃に『電車男』がブームになっていた。そのとき一緒に遊んでいた投資家の友だちが、2ちゃんねるの純愛掲示板に「3億持ってます、彼女募集中」というスレッドを立てて、「25歳くらいまでの容姿に自信のある方」を募集した。

面白そうだから、こっちは「1億2000万持ってます、彼女募集中」みたいな、金額を3分の1くらいにした劣化版を作ってみた。「年齢、容姿を問いません」としたら、友だちの100倍くらいメールがきた。女性からすれば1億も3億もあまり変わらないらしい。友だちのほうのメールは週に1通くるかこないかくらいだったのに、こっちは10か月で3000通くらいきた。そのうち2000通は株系からの冷やかしだったけれど。

それでも1000通は女性からのメールだった。当時は特定の彼女もいなかったから、人生経験としていろんな人に会ったほうが将来失敗しないかなと思って、メールの相手と週3か週4で順に会っていった。

どこかの駅で待ち合わせして、ごはんを食べて、最寄り駅にタクシーで送って、「ありがとうございました」と別れる。紳士中の紳士な会い方だった。

それくらいテンプレな行動じゃないと、週3か週4で新しい人と会い続けるのは無理だ。ごはんを食べたあとバーに行ったりカラオケに行ったりラブホに行ったりみたいにエネルギーを使うと、疲れてしまって新しい人には会えない。オープンな掲示板で募集した相手だから、何かあった場合にはオープンにされる可能性も高いし。

どう見ても50歳を過ぎている女性が来て、「お姉さんすぎたかな」と言われたり、バレンタインデー近くに40代後半の女性が来て、大きな箱にぎっしり詰まった5キロくらいあるテディベアの形のチョコレートを渡されて途方にくれたり。普通に生きていてはなかなかできない体験だった。

相手の数が多すぎて予定がずっと埋まってしまい、一度会った相手とは基本は会わなかった。ノルマをこなすだけで精いっぱい。それでも深夜に電話がかかってきたり、深夜2時に「今から会いに行けませんか？」ってメールがきたり、他にもいろいろすごいメールがきて、大変だった。**結婚がかかったときの女性のエネルギーの恐ろしさを知った。**

それを10か月やって（この頃には「4億持ってます」みたいにタイトルが変わっていた）、懲り懲りして打ち切った直後くらいに連絡があったのが今の妻。当時は地方の国立大に通う大学院生で、就活のため東京に来るついでだったらしい。東京に知り合いもいないし、面白そうだから人生経験でメールしてみたという感じだった。

会ってみたら、それまでの100人以上の女性たちのなかでいちばん自分にピッタリ合う。女性に会うことをやめた直後だったから気持ち的にラクだったのかもしれないし、最初に会ったとしてもやはり付き合うことになったかもしれない。

妻は自分にないものをいろいろ持っていたのがよかった。学校の勉強ができて、武道もやっていて、痩《や》せているけど筋肉があって。見た目も好みだった。

結婚指輪を買ったときに、なんでも好きなの買っていいよと言ったけど、妻が選んだのは10万くらいのもの。それ以上高いものを買ってあげたことは今に至るまでほとんどない。

ライブドアショックで5億円損したときもあらあら、みたいな。僕もお金を使うことには興味がないので、そういうところで気があったのもよかったのかもしれない。

第 7 章
これから株を始めるなら

ピンチとチャンスは紙一重。ライブドアショックではほとんど一瞬のうちに5億円失った。そんなこともある。

新たな富が増えたとする。

２０１８年11月の時点で、ビットコイン、イーサリアム、リップルの上位３仮想通貨の時価総額の合計は約17兆円となっている。２年前には２兆円くらいしかなかった。

２年間で２兆円が17兆円になったということ。

ここで増えた15兆円はどこからきたのか？

空中から魔法のように取り出されたのか？

少し違う例についても考えてみてほしい。仮想通貨よりずっと単純な例。

ある人がゼロから起業して会社をつくり、その会社の時価総額が10年後に現在のアップルくらいになったとする。ざっと100兆円。

その100兆円の価値はどこからきたのか？

これも空中から魔法のように取り出されたのか？

そういう考え方をすることに疑問を持つ人もいるかもしれないけれど、そういう発想を持つのは間違いではない。

というのは、100兆円の会社が新たにできたからといって、他の通貨や有価証券や不動産の時価総額が100兆円分減るわけではないから。

そういう意味では、経済はゼロサムゲームではないといえるかもしれない。つまり得点と失点の総和（＝サム）がゼロになるわけではないということ。地球上の富の総量は増え続けている。

◉今の世の中だから個人トレーダーは巨額を稼げる

では、富が増え続けると、どうなるのか？

富というのは、人間が綱引きしている状態を数値化したものだと思う。

激しいインフレが起きて円の価値が落ちない限り、自分の持っている資産は維持されると考えているなら、それは誤り。

たとえば仮想通貨などの新たな価値が生まれてくれれば、自分の持っている資産は自然に薄まっていく。

新たな価値が生まれたとき、他の通貨や有価証券や不動産などの価値は、目に見える数字としては減っていなくても、実質的には毀損《きそん》されて以前より薄まっているということ。そうであるなら、新たな100兆円が空中から魔法のように取り出されたというのは、数字のうえでは正しくても、実態を正しく表していないことになる。

経済が成長して、世の中全体が豊かになっていくという側面もあるけれど、その成長スピードはそれほど速いものではない。地球の資源の消費スピードをあげているだけだともいえなくはない。

経済は相対的なものであり、投資やトレードはその最たるもの。結局、最終的にはやはりゼロサムゲームだと思う。

たとえば、株価の全体が数%下落したとき、自分の保有資産が変動しなかったのだとすれば、相対的に勝っていることになる。

だからこそ、トレードとはお金の奪い合いのゲームといえる。

富の総量が増え続けているのと並行して、お金の価値は落ち続けている。お金が万能な世の中になっているようで、実はお金の威力は落ちている。

そう言うと、「えっ、逆じゃないの？」と反応する人もいる。

でも、考えてみてほしい。

現代社会では、僕のような個人トレーダーが何百億円ものお金を集めることが可能になっている。

個人が個人の力だけでそれくらいのお金を集められるのが現実。

昔だったらどうだったろうか？

明治・大正時代なんかだと、個人が財閥に対抗することは不可能だった。巨額のお金は絶対的なパワーだったので、個人として対抗しようとするなら、新たな宗教の教祖様になって成功するとか、政治的な何かが必要だった。

第4章で僕には「製鉄所をつくったりする気はない」と述べたけれど、その頃でいえば、財閥どころか国家レベルのお金がなければ製鉄所をつくったりすることはできなかった。貧乏な国であれば、国がかりでも無理だった。そういう国は、富国強兵の道には進みたくても進めなかったということ。

要するに、国が持っているお金の額が、国の強さを決めていたことになる。所持金こそ国としての力だったわけだ。

最近では、仮想通貨で億の金を儲《もう》けた人を「億り人」と呼んだりしている。なんという軽さなのかと思うけど、僕みたいな人間がお金を得ているのも含めて、それが現代社会というもの。

昔は絶対的なパワーだった巨額のお金を、個人が数年で集めることが可能になったのも流動性の高さゆえ。

ただ、その一方で、お金の価値は落ちていて、巨額のお金がなければできないことは減ってきているのも事実。個人トレーダーも、今の世の中だから可能になっている。

◉チャイナショックのようなピンチこそチャンス

2015年8月に中国で元の対ドル為替相場の切り下げがあった。その後しばらく世界の相場が混乱し、チャイナショックと呼ばれた。ちょっと株をやっていない人にはわかりにくい話になるかもしれないけれど、この時の大勝ちの話をしたい。

このとき僕は大きな勝負に出て、2ちゃんねるで「今の資産を持っていて、全財産が吹っ飛ぶリスクを取るって俺はバカなのか？」的なことを書いたけれど、かなり盛った話で実際にはそこまでのリスクはなかった。

切り下げが行われてすぐに中国で株価が急落して、日経平均も300～400円ほど下がった。その半日後に開くアメリカ相場はすごくビビっていた。

アメリカが大きな下げ気配の値動きになると、S&P先物やダウ先物やナスダック先物を損失回避の目的で売りに出す、いわゆる損失回避のヘッジ売りが入ることが多かった。とくに出来高（取引成立の量）が少ない時間帯は、恐怖を反映して大きく売られすぎる傾向にある。だからこの時も、損失回避の売りがアメリカの相場が始まる直前に最大になると仮説を立てて準備をすすめた。それまではほぼ確実にそうで、この時に日本で同じことが起きる可能性は僕の見立てで半々くらいだったけど、そうなることに賭けた。

少し前に日経平均先物を僕は売っていたので、まずそれを買い戻した。

大手の会社は倒産する可能性があるような大損はしたくないから、危なそうだと損失を限定化させる動きをする傾向にある。このときも日経平均先物が機械的に売られはじめたところだったので、買い戻したタイミングはドンピシャだった。

同じく暴落の恐怖から日経平均オプションにも、ものすごい値段がついた。通常時は値段がついていなくて、ついて1円ぐらいのものが、このときは105円。計算上あり得ないような数値で、105円がついていたのは3分間ほどだったけれど、これを売って売りまくった。60円まで下がってもまだ売った。

このとき僕が売ったのはプットという暴落保険。

もし実際に暴落したときにはものすごく損をする。保険の満期日というか判定日が3日後か4日後だったので、その時1万6000円だった日経平均がそのときまでに1万円割れくらいまで下がると壊滅的な損をしてしまう。それで「全財産が吹っ飛ぶリスク」と書いた。

だけれど、実際には大損リスクはあまりなかった。

種明かしをすれば、まずストップ安という制度があるから、一気にものすごく落ちることはあり得ない。それに日経平均の仕組み上、企業の価値がゼロになってしまう会社が続出するくらいじゃないと、一気にそこまで落ちることはない。
理論的にいえば、すべての銘柄がストップ安になったら、日経平均は1万円くらいまでいくので、大損の可能性はゼロとはいえない。でも半分くらいの会社が同時多発的に倒産でもしない限り、そうはならない。一瞬のうちに半分の会社が倒産するというのは、日本に大型爆弾が何個か落ちてくるくらいの規模のことが起きているようなもの。そうなれば、どんなに日本円を持っていても価値が暴落するから、いくら大損したってあまり関係ない。

恐怖を感じるときに人は視野が狭くなり短絡的な行動に走りがち。場を冷静に見られているからこそ、僕はこうした大きな勝負ができる。

この時はたまたまいつも遊んでる投資仲間と呑んでいたのだけど、値動きを見て「儲け時だ！」と思い居ても立ってても居られなくなって、一言だけ断って家に帰り最大限トレードをして、また呑みの場に戻った。
他の仲間は携帯からやってプラス数百万って人が多かった。チャイナショックではトータルでの勝ちは23億円弱（含み益は最大40億）。「謎の36歳デイトレーダーの読み的中　40億円の利益」というタイトルでブルームバーグの記事が配信され、ヤフーのトップニュースにもなった。

◉リートでは1日で6億円の敗北

ピンチとチャンスは紙一重。

紙一重というより一体化しているといったほうがいい。

景気が悪くなってきて、恐慌になるのでは……みたいな危うい時期こそ大きく稼ぐチャンスはあるけれど、それが大敗につながることもある。

ここまで勝った話ばかりしてきたけど、投資には当然リスクもある。

大きく負けた話もしておきたい。

２００８年のことだった。

不動産投資信託（リート）が下がってきていて、年利15％くらいの利回りがあるものまで出てきていた。今から思うと底値になっていた。

不動産はちょっと劣化しているとはいえ、会社の価値も売っている値段より高いものが多くて明らかな割安に見えた。

そう考えて18億円ほどリートを買った。

当時の総資産は50億円弱。その半分にはならないけれどそれに近い額を投入した。デイトレをメインにしている僕としては珍しい中長期的な観点からの投資だった。

配当金が年間1億何千万円か入ってくる計算で、値上がりも見込んでいた。うまく買えたと思っていた。

当時の状況も簡単におさらいしておく。

バブル崩壊後の1990年代に、不良債権処理に苦しんだ企業や金融機関が次々と不動産を処分した。その結果、不動産流動化ブームが起きて、2001年にJリート（不動産投資法人）が創設された。2006年頃からは不動産バブルになっている。

でも、2007年になると価格は下がり始めた。そこで起きたのがサブプライムローン問題だった。流れ込んでいた資金が一気に引き揚げられた。

そんなところにトドメをさすように起きたのが2008年9月のリーマンショックだ。金融機関が資金を引き揚げ、Jリート各社は資金調達が苦しくなった。

不況こそチャンス！

底値で拾って、大きく上昇してから売る。これがいちばん簡単に儲かる投資。もちろん世の中はそんなに簡単ではない。

底値で拾うのはいいけれど、倒産してしまえば底値どころかゼロになってしまう。

僕が買ったのはそんな時期で、リーマンショック翌月の2008年10月に世界初のリートの倒産が起きた。ニューシティ・レジデンスという投資法人が倒産した。

やたら売りが出てくるので、ちょっとオカシイとは思っていたけど、このときは逃げ足の速さを発揮できなかった。

その倒産のニュースを聞いたとき、翌日にどれだけ損失するかを考えると、お腹をくだして夕食を食べられなくなった。ふだんは相当負けても夕食を食べられなかったことはないのに、このときは過去最悪の肉体的ダメージを受けた。

翌日、持っていたリートの大半はストップ安。最終的には他の不動産関連銘柄も合わせて6億円ほど失った。

50億円のうちの6億円ならそこまでの大敗には見えないかもしれないけれど、一撃で数億を失うダメージはさすがにデカイ。

これは忘れられない大敗になった。

これ以前にライブドアショックで5億円負けたときは平気だったのに、リートの大敗ではそのときには考えられないほど肉体的なダメージを受けた。

ここまで述べてきたように、ふだん僕がやるようなトレードではない形で勝負して負けた。自分の強みを活《い》かせる分野でなく、なんとなくで勝負してしまった後悔も精神的ダメージになり、それが肉体的ダメージにつながったんだと思う。

◉ライブドアショックで「おっすおら損五億」

ライブドアショックがあったのは2006年1月だ。

その時期は日経平均が上昇し続けていて、バブルの再来か、と言われていた。新興株がどんどん上場来最高値を更新し続けており、みんな良さそうなやつを買っては資産を増やしていた時期といえる。

僕もそうだった。堀江《ほりえ》貴文《たかふみ》さんが捕まったとき、ライブドア株を27万株持っていた（ライブドアは100分割していたこともあって27万株はわずかな株数に過ぎない）。ニュースでライブドア強制捜査と流れ、とうとうやりやがったと、かなりビックリした。

ライブドアはストップ安になり、全然寄り付かない。関連会社の株も持っていて、けっこうな損失になったが、しょうがなかった。

損を考えるのではなくここからどうすれば儲かるか、だけを考えていた。

堀江さんが逮捕されても、ライブドアという会社がなくなるわけではない。純資産もそれなりにあるし、ポータルサイトとしての機能もあった。「これは絶好の買い場かな」と思い、買い増しすることにした。

強制捜査のニュースが流れる直前の株価は696円。6営業日連続でストップ安になり、7営業日目にようやく寄り付いた株価が155円。

その当時の僕の資産が28億円くらいだったが、そのうちの19億円を投じて100円台まで下がったライブドア株を買った。

300円台まで回復するだろうという予想だった。しかし、それが反転しない。

さらに下がっていって、これはいかんと、その日のうちに損切りした。

リバウンド狙いの買いも入っていたけど、上場廃止になるんじゃないかと恐れて逃げ出す人のほうが多かったようだ。

5億ぐらい損しそうだと思って売りまくって、最終的に損切りを終えたときの損失がジャスト5億円。これはやっちまったな、という感じだったけど、これくらい痛烈に失敗すると、すがすがしい。妻に「今日5億円損した」と伝えたら、「ありゃりゃ」みたいな反応だった。

その夜は麻雀《マージャン》をする約束があったので、２ちゃんねるに「おっすおら損五億」と書き込みして麻雀に行った。麻雀は普通に楽しく打てた。

いわずもがなだけれど、「おっすおら損五億」というのは、『ドラゴンボール』の「オッス！　オラ悟空」のパロディ。**このフレーズを思いつけたから損失５億円のうち１億円くらいは元を取れたんじゃないかと思う。**

◉早い人はいつでも早く、遅い人はいつでも遅い

投資には攻撃型と守備型がある。**億を稼いでいるような人は概して攻撃型。とにかく獲物にツッコんでかっさらう感じ。**

僕はもちろん大きな攻撃もするが、どちらかといえば守備型。損切り損切りしながら機をうかがう。

格闘ゲームでいうと防御しながら少しずつ削られて、でも大技で逆転するタイプ。

たとえばジェイコム株誤発注事件。僕はパソコンのウインドウを次々と開いて５００株

ずつ買っていき、自分で確かめてからグループチャットには「誤発注だから買える」と書き込んだ。

そのとき、僕の真似をして買った人もいたし、あまりの売りの多さにビビって買わなかった人もいっぱいいた。

もちろん、僕より早く買っていた人もいる。僕はジェイコムの発行済株式数を確認するのに20秒くらいかかったから、情報を目にしてから買い始めるまで35秒くらいかかった。

そんな時間を取らずに見切り発車で買った人もいた。

面白いのは、そのときの行動がその後にもずっとつながっているということだ。

そのとき買わなかった人たちは、投資の世界ではあまり生き残っていない。

生き残っている人にしても、やはり守備的なスタイルでの投資を続けている。

逆に僕より早く買った人は、ビットコインを買うのも僕より早かった。

人のプレイスタイルは簡単には変わらない。

早い人はいつでも早く、遅い人はいつでも遅い。

投資家としては、早い人のほうが適性がある。

この早さというのは、頭の良さとは違い、行動を起こす早さ。

ジェイコム株を僕より早く買い、ビットコインも僕よりずっと先に始めていた一人は、いろいろ監視ツールを使っていた。自分ではプログラムを書けないのでプログラマーを雇って作らせていた。さらにアメリカや香港に海外口座を開いて、現地法人を立ち上げに現地まで行っていた。その法人自体は、あまり利益は生まなかったようだけど、「こいつ、どれだけやる気あるんだよ」と、うなるしかなかった。

とにかくなんでも行動が早いし、やる気がある。

その人は三空《さんくう》さんという。個人トレーダーとして一緒に「笑っていいとも！」に呼ばれて、僕が覆面で出て彼が顔出しで解説する、みたいな役回りだった。今は地元に戻って議員をしている。彼はトレードで勝てなくなってきた時期に、顔が良くて、しゃべることも好きだから、芸能人になれないかと模索していた。相場に詳しい芸人枠はないかって感じで。

その後には「政治活動が楽しくなってきた」とも言っていた。

個人トレーダーから政治家になっていくケースはなぜか多い。

三空さんはともかく、あいつは金は稼げるけどモラルないよなってヤツがそうなっている気がする。

◉不況時の赤字会社への長期投資はアリ

これから50万〜100万円の予算で相場を始めるなら、最初はＩＰＯのデイトレがいいと思う。

ＩＰＯ銘柄のボラティリティが高いやつを買って、ダメそうならすぐ損切りし、上がっている最中は持っておくスタイルのデイトレがいい。たとえば東京メトロ（東京地下鉄）だとか、そういった公的に近い企業のＩＰＯは、多くの人が当たるような形で抽選になるので、それに申し込む。一般にＩＰＯは大きく値上がりして始まる可能性が高いので、そこで勝ったお金を投資の原資にする。

ただデイトレの場合、値動きがヤバそうならすぐ逃げる必要がある。サラリーマンの人が仕事をしながらだと、トイレの個室にこもってスマホをいじる回数が増えてしまうのが難点だ。でも、チャンスはごろごろあるし、すぐ増やせるチャンスがお宝のようにザクザク眠っていると思う。

それで予算が2000万円を超えたら、IPOデイトレに加えて他のこともやる。予算が増えるに従って、増やせるペースは鈍化する。

効率的に年間10倍にしたければ、相当のリスクを取らないと難しい。だけれど、そんなに高い目標を掲げなければ、目標を達成する難易度はそれほど高くはないと思う。

「情報を集めるようなことはあまりしたくないけれど勝ちたい」という人は、不況時の赤字会社への長期投資をやってみてもいいかもしれない。

ギリギリで黒字を保っているような会社はダメで、赤字に転落している会社がいい。そういう会社は好況になると黒字が出て、手の平を返したように株価が上がる可能性が高い。ただし、潰《つぶ》れてしまえばゼロになるので、潰れなそうな会社を狙う。

ITバブル崩壊後やリーマンショックなどが起きたときには、証券会社のアナリストは「今は業績も悪いので売りです」などと言いがち。そういうときに売るのではなく買っていれば儲かっていた。

サブプライムローン問題が起きた2007年には、日本の銀行もサブプライムローンを1兆円持っているんじゃないか、減損会計で潰れるんじゃないか、と言われていたけど、あとから振り返れば絶好の買い時だった。

そういうタイミングを逃さないのが大切。

逆に、好況時は買わないほうがいい。

景気は循環するから、全体の株価が上がってきて、週刊誌に特集が組まれ、アナリストが勧めているようなときには、伸び代がなくなっている可能性が高い。


上場廃止になってしまいそうな会社も狙い目。

比較的最近でいえば、JAL、東芝、東京電力など。これらの会社は「もうダメじゃないか?」と見放されかけていた。金融危機時の銀行なんかもそれに近い。

だからこそ、危機を脱したときには10倍や20倍のリターンもあり得る。

マーケットというものはリスクを回避する傾向が強いので、アブナイと思われたら必要以上に売られる。

ただ僕は、政治的な判断がどうなるかに左右されるものは基本的には買わない。政治家がどう考えるかなんてことは読めないから。

たとえばJALは、国や企業再生支援機構などが介入してどうなるかわからなかったから買わなかった。

東芝は逆張りで買うのもありだと思っていたけれど、全体状況として景気が良かったので、そういうときに逆張りはしたくなかった。あれがもし世界的にヤバイ状況で、さらに「半導体の会社はヤバイです」なんて言われていたら、買っていたと思う。そんな状況になっていたら東芝の株価は40円とか50円になっていたはずで、そこから倒産をまぬがれると、数倍、数十倍になっていたと思う。それなら夢があった。

会社が赤字になり、無配（無配当）になって東証一部から転落すると、ファンドやTOPIX連動型投資信託などの機関投資家が売ってきて、株価は下がる。そのあとで東証一部に上場したり日経225に採用されたりすると、それだけで買われる。

紙切れになるリスクを背負って転落会社を買うのは夢がある。

◉仮想通貨取引で勝つには

これから投資をする人にとっては、ビットコインなどの仮想通貨も視野に入ってくると思う。それらの買い方や売り方も、株や為替《かわせ》や先物と変わらない。というか値段がついて売買されているものは、すべて同じ。

つまり、上がっているときに買って、下がってきたら売る。下がっているときには買わない。

ビットコインに最初に興味を持ったのは、マウントゴックス事件のとき。

２０１４年に、マウントゴックスという仮想通貨の取引所から大量のビットコインと預かり金が消失した事件が起こった。

最初はサイバー攻撃によるものだと説明されていたけれど、その後、社長が業務上横領の容疑で逮捕された。２０１８年現在、裁判の結果はまだ出ていない。

この事件が起きて、ビットコインの価格が１０００ドルから１５０ドルまで一気に下がった。取引所がトラブったただけでモノ自体は変わっていないのに売られている。

本質的な価値は変わらないのに、空気だけでガクッと動いている。はっきりこう言えるようなときはチャンスになる。

ただ、このときは日本円で簡単に口座を開ける取引所が発見できずにあきらめた。

そのあと、２０１７年の春から上がり始めた。

10万円くらいからどんどん上がって20万円を超えたときに、これは上がるスピードが速いから買ったらいいんじゃないかと思った。

でも調べてみると、ビットフライヤーという当時の国内最大手の取引所でも、そこまで流動性がなくて、利益に対する税率も高いし、数千万規模で買うのはけっこう大変だとわかった。それでこの段階でも見送った。


2017年は、僕が相場を始めて以来、もっともバブルになった年だった。ビットコインの影響が大きかったと思う。

その年の10月には70万円にまでなった。レバレッジ取引なども出てきて、これは利益を上げるチャンスがあるんじゃないかと、ここでようやく買っている。なんでもやる系の投資家のなかにあって、仮想通貨に関しては「ちょい出遅れ組」になると思う。

最初に100ビットコインを買い、上がるたびに50ビットコインずつ買い増ししていった。しばらくそのままホールド。トータルで1億5000万円くらい。

それを売ったのは、ビットフライヤーのレバレッジ取引のほうがビットコインに対して26％くらい高くなっていたとき。同じものなのに値段の差がありすぎたから、レバレッジ取引のほうで売って現物で購入した。

同じものでも値段の差が出てくる場合があるときは、多くのプレイヤーが場を冷静に見られていないから。つまり冷静に見ることで「優位性」が生まれる。

昔は日経平均ですら、日経平均先物と日経平均で5％とか乖離《かいり》していた。**そういう現象が察知されたら、安いほうで買って高いほうで売れば、機械的に儲けられた。**

今では裁定取引といって、アルゴリズムが高いほうを売って安いほうを買うようになっている。日経平均先物と日経平均は金利と配当を考えた理論値となっていて、ほぼ差がなく動いているので、基本的にはそういうチャンスはなくなってきた。

裁定取引ができたときの記事が残っていたので読んでみたら、「鵺《ぬえ》みたいな恐ろしいもので、日経平均の暴落を引き起こした」みたいに書かれていた。

当時は、得体の知れない何かが出てきた程度の感覚しかなかったんだとわかる。それくらい当時の人たちは価格差について考えていなかった。

ビットコインも、売買代金や時価総額が今の10倍、50倍、１００倍になったら、そういうアルゴリズムがどんどん介入してきて、効率的な市場になると思う。でも、そうなるまでは誰も気にしないいんじゃないか。

また仮想通貨のもうひとつの特徴としてサーバーが弱くて止まりやすいことがあった。

ビットフライヤーでもコインチェックでもザイフでも、取引所のサーバーがビジーになって受け付けなくなることがある。そうなると値がいきすぎてしまう。円滑な取引の整備という観点からすると発展途上だといえた。だからこそつけこめるスキがあった。

仮想通貨がニュースを織り込むのはまるで遅い。

株ではニュースの深刻度を値動きで測ることも可能なのに、仮想通貨ではそういう見方はできない。

買っている人たちが、仮想通貨という新ジャンルだと考えていて、いくつもある相場のひとつであるとはあまり考えていないからだ。

その結果、上がりそうだと思われたらすごく買われるのに、下がりそうだと思われたらもう買われないという二極化しやすい傾向がある。

ではサーバーの弱さにどうつけこんだか。

一時は200万円を超えていたビットコインの値なのに、2018年になってどんどん下がりだした。それで僕は150万円を割ったときにはロスカット売り（自動的に行われる強制決済による売り）がかなり発生するんじゃないかと予測した。レバレッジを利かせて勝負している人間は、ロスカット売りになる可能性があるからだ。

ビットフライヤーはサーバーが弱くて、暴落したときには注文が入らなくなっていた。**そこで、ロスカットされたビットコインを全部買いたいと思って、あらかじめ120万円から100ビットコインずつ段階的に買いを入れておいた。**

うまく現実化したらおいしいし、現実化しなかったら取り消せばいい。すると、10日くらい経つと本当にビットフライヤーには注文が入らなくなり、僕の買いがロスカットをどんどんキャッチした。注文が動いていたら拾っていくのは無理だけど、止まってしまっているため、前もって入れておいた買いが約定していく。

このときは値が戻らないんじゃないかという不安はなかった。海外のビットコインは145万円くらいで推移していて、僕の買いが120万円くらいで約定したから、少なくとも海外の取引所並みには戻るだろうと踏んでいた。それまでは日本のほうが高いジャパンプレミアム状態だったから、海外取引所プラス5％くらいになったら徐々に売っていこうと思っていた。いざとなったら手数料はかかるけれど海外に送って売ってもいい。

結果、半分くらい戻ったところで売って、1億5000万円ほど儲かった。

こういったバグは世の中にいくつも転がっている。

◉投資家はＡＩに勝てるか

ＡＩを使った自動株取引も出てきている。ここ数年のＡＩの発達には本当に驚いていて、とくに僕は囲碁もやるのでアルファ碁の結果にはただただ感動した。

将棋や囲碁といった完全情報ゲームだけでなく、ポーカーやブラックジャックなどといった不完全情報ゲームの世界でも、すでにＡＩのほうが強くなっている。ＡＩの出している結果を見てトッププレイヤーが自分のプレイを検証する場面も増えている。いまはまだまだそうだけど、近いうち麻雀もＡＩのほうが強くなるんじゃないか。

アルゴリズムやＡＩの登場によって、敵として、相場というゲームの難易度は年々高くなっていると思う。たとえば昔はストップ安の暴落があったときにすぐに板に注文を入れて拾って反発を待つ、みたいなことができた。今はそういう速度は機械に勝てない。

ただし、アルゴリズム取引だからといってすべてが勝つトレードとは限らない。

現在のアルゴリズム取引を設定しているのは人間の場合がたぶんほとんどだと思う。ある条件で買いたい・売りたいという場合にスピードでどうやっても勝てないとか、そのレベルの話であり、たとえば裁定取引のような差分をとる取引はまだまだ小さな規模に限られている。

けれどもＡＩが自動学習して取引をするようになると、２匹目のドジョウをＡＩがかっさらうだろうし、１匹目のドジョウも発見するかもしれない。近い将来、ＡＩはかなりの程度お金を抜いていくと思う。そのうちＡＩ同士の株のやりとりが市場の多くを占めるかもしれない。

とまあ、僕はＡＩがどんどん強くなると思っているけど、人間ができることはいくらでもある。

たとえばＡＩ自身はリスクを取れない。

数千億円や何兆円といったレベルのリスクがある取引をできるだろうか。ＡＩに恐怖心はなくてもＡＩの運用元にはそれがある。僕は現金１６０億円のうち１５０億円を取引にぶっこむようなことはできるけど、ＡＩにそれを任せるのはおそらく株主が了承し得ない。数千億とかそのレベルのお金で大きな勝負するのは難しいんじゃないか。暴落のときなどはリスクを最小限にするような動きをせざるを得ないと思う。これは車の自動運転が進まないのと同じで、機械が人を死なせてしまった場合の抵抗感などにも近いかもしれない。結局そこまで単体としては大きなお金を動かせるようにはならないと思う。

そうであればAIに取れないリスクを取れるのが人間の強みだということになるし、実際、僕はそういう場面でこそ勝ってきた。

◉無限に努力をしていれば、たいていの人には勝てるようになる

相場にハマる人は、最初に大きく儲かった人だという。たまたま勝ったということでも、腕利きの先輩に教わったということでも、どちらでもいいらしい。

麻雀も同じで、最初に勝った人がハマるのだそうだ。たとえその後は連戦連敗になっても、最初の勝利体験が気持ち良ければ、そちらがまさるということなんだと思う。

努力とリターンのスパイラルというものは存在する。

勉強すれば勝つ。

勝つと気分がいいからさらに勉強する。

するとゝ、ますます上達して、さらに勝つ。

これは勝負事に限らず、かなり幅広く見られる法則だと思う。

僕の場合はどうかというと、実はそのスパイラルは必要としなかった。初めてやったときに負けたとしても、面白いものは面白いと思って続けるタイプだから。

それは今も同じで、結果が出なくても、コツコツ勉強することは苦ではない。無限に努力することができる。好きな分野で努力を続けていれば、何年後かにはたいていの人には勝てるようになるものじゃないかとも思う。

だけど人によって向き不向きはあるはず。僕のような期待値オタクは、どちらかといったら変人で少数派になるんだと思う。

たぶん世の中の8割以上の人は損してしまうことにすごくストレスを感じるはず。そういう人はサラリーマンでいるのがいいと思う。

ちゃんと動いていれば毎月必ずプラスになるというのはかなり精神的にいい。

僕の場合は、時給効率とか資産効率を最大化したいと思ってしまう。

安定した道に効率の最大化は存在しない。

だから僕は専業トレーダーの道を歩んでいる。

付記
ギャンブルを制すものは株を制す

相場は上がるか下がるかしかない。だから常に押すか引くか。その手の押し引きは麻雀やポーカーにも通じる。

ここからはオマケとしてギャンブルについての考え方を述べていく。

僕はたいていのギャンブルにも手を出している。で、それなりに勝ってきた。

たとえば相場とポーカーはかなり近いゲームだ。

相場は上がるか下がるかしかない。

だから常に押す（ベット）か引く（フォールド）か。

そう言うと、「すでに持っている株をキープするのは、押しでも引きでもない現状維持じゃないの？」という疑問を持つ人がいるかもしれないけど、それはちょっと違う。いつでも売れるという選択肢があるなかで持ち続けているのは、押し選択をしているのと同じになる。

紙切れになるリスクを考えれば、損切りをしない人はいつも押し続けているということができる。

ポーカーも1巡ごとに押しか引きかの判断を迫られるので、そこがすごく似ている。

押し引きはリスクとリターン。

1回ごとにリスクがあって、リターンの期待もある。どちらが大きいかを判断して、押すか引くかを決める。

相場やポーカーに限らず、僕が面白いゲームと思うかどうかはその部分が大きい。

たとえば将棋なんかは不確定要素がないから、僕の中では別のタイプのゲームに分類される。そういうゲームにはまた違った魅力はあるけれど、僕がプレイヤーとして楽しみたいのは、運が介在する不完全情報ゲーム。

では、ゲームとして見たとき、相場とポーカーにはどんな違いがあるのか。

違うのはまずプレイヤーの人数。

相場ではプレイヤーの人数は見えないし、資金量も見えない。売りと買いの量が見えるだけ。人数の上限も下限もなく不特定多数で、背後にある資金量もわからない。

対してポーカーではテーブルについている人数が目に見えている。相手を1人ずつ、今回は押してきているかどうかと観察しながらプレイする。資金量にしても、テーブル上に置かれているチップの量というかたちで見えている。チップが追加されることもあるから、完全なる「閉じた系」というわけではないけど、それに準じるゲームだとはいえる。

ポーカーといえば、互いに相手のカードを読み合い、クズ手なのにいい手のフリをしたり、相手からも同様のブラフをされたりしながら、読みとブラフが混ざり合ったゲームというイメージを持たれていることが多いんじゃないかと思う。

でもそのイメージは古い。

現代ポーカーはもっとはるかに〝確率のゲーム〟になっている。読みと心理戦を合わせたゲームというのは表面にとらわれた見方で、その土台である数の組み合わせ、つまり確率のほうが圧倒的に重要となる。

トランプを使うゲームなんだから当然のことで、基本は数字の組み合わせ。最もプレイされているポーカーであるテキサス・ホールデムでは、伏せられている自分のカード2枚に加えて、場にカードが1枚ずつ配られるたび、自分にできる役の確率は変動していく。

同時に、相手にできる役の確率も変動する。

場に配られるカードの枚数が増えるごとに各プレイヤーはベット、レイズ、コール、フォールドのどれかを選択する。つまり1巡ごとに押し引きの判断を迫られる。

押しはベットやレイズ、コールで、引きはフォールド。

基本となるのは自分の手で、役ができる確率は数学的に求められる。ただし、いい手が完成したからといって大きく勝てるわけではない。大きく勝てるのは場にチップがいっぱい張られたとき。だから、期待値の計算は簡単ではなくなる。

そういった部分までの細部にわたった統計データがあるのが現代。

欧米ではポーカーの数学的研究はものすごく発達している。

自分の手の強さの期待値を基本として、伏せられている相手の手の強さの期待値や場に出ているチップの量に応じて変動する期待値まで考慮してプレイする。

ブラフを使いすぎる者は負ける。

これも統計的にハッキリしている。

ただし、ブラフを使わない者も負けるから「何%程度、ブラフを使おう」と機械的に割合を決めているプレイヤーもいる。

それが現代のポーカー。かなりデータ的な押し引きのゲームになっている。古い映画などでは、自分にいい手がきたとき、最初からレイズするといい手だと悟られてしまうから、最初は気のないフリをしてコールから始めるようなシーンがある。対人ゲームとしては自然な戦術だから、そういう駆け引きは今でもある。

だけれど、そういう人間的な判断がすべてではなくなっている。相手がほぼデータ的な判断だけで押し引きを決めてくる場合、この種の演技は意味がなくなる。

そういう点でも相場に近い。

◉麻雀も相場も、面白いから続けてきた

では、麻雀《マージャン》に対してはどういうイメージを持たれているだろうか？

これは人によってかなり違いそうだ。そもそもポーカーより複雑なゲームではある。

麻雀は運のゲームだという人もいる。最近ではさすがに減ってきたけど、昔は、運を操る技術こそ麻雀の技術である、と唱える人も多かった。不完全情報ゲームでは、目先の揺

らぎにとらわれてそういう認識が増える。

僕は昔から数学的な見地にしか興味がなかった。運の話をする人を否定する気はないけれど、自分はそこに興味を持てなかった。

欧米の人たちは昔からポーカーに関して運の話はしないで、あくまで数学的に考えていた。世の中の流れがそちらに向いてきたということなのか、麻雀でも最近は運をコントロールしようという戦術は劣位になってきた。

麻雀もまた、ポーカーや相場とかなり似たタイプのゲーム。

リスクとリターンを比較して押し引きを決める局面は必ずあり、そこでの判断で勝負が決まる。

麻雀が強いのはリスクとリターンの比較が上手な人。

そういう人は、焦点となる局面で、体感的に正しいほうを選べるものだ。もちろん経験も大きい。押し引きの判断の精度こそ、実力に近いものとなる。

最近では麻雀でもいろいろなデータが出されているから、基礎的な数値を覚えておいて、それを実戦で当てはめるのも有効になる。

麻雀の役はポーカーより複雑なので、役をいかにうまくこしらえるかという手作りの要素もある。そちらのほうが目に見える部分だから、麻雀が手作りのゲームだと考える人も多い。

だけれど、勝敗を分けるのは圧倒的に押し引きの判断。手作りの巧拙は、見かけよりもずっと勝敗への寄与度が低い。

麻雀とは、手作りゲームの皮をかぶった押し引きゲームだということ。

麻雀は中国人が発明して、世界中でプレイされている。

中国や日本ほどではなくても、欧米などにも広まっている。ただし、他人の当たり牌《ハイ》を捨てたら振り込みとなり、振り込んだ人が全額を払わなければならないというルールは、日本の麻雀特有のものらしい。他国の麻雀では、全額1人払いというシステムはないのだそうだ。日本に麻雀が伝わってしばらくした頃、振り込んだ人が全額1人払いするルールを考えた人がいて、それがまたたく間に日本中に広まったと聞いた。

このルールだからこそ、リスクとリターンを比較する押し引きが重要になる。それがない他国の麻雀は、手作りのゲームという側面が強くなる。

その話を聞いたときに僕は思った。日本人は天才だなって。

このルールだからこそ、麻雀は相場やポーカーに近いものになっている。僕がずっと麻雀をやってきたのもそういう性格に魅力を感じているから。

相場にしても、面白いゲームだと思うから、やってきたに過ぎない。すごく儲《もう》かりはしたけれど、面白さに導かれるままやってきたというのが本当のところ。

ちなみに僕は、オンラインのポーカーサイトでは初めて最高レートの卓でやったときから負け続けていて、通算4000万円は負けている。最近はドルで入金できなくなっちゃったから最高レートの卓ではプレイしていなくて被害が減っているけど、そうして負け続けるのは苦ではない。

ポーカーの勉強は、セオリーと言われているものを一度徹底的に勉強した後、トップレベルに近い人たちと勝負し、彼らの戦術をポーカーのAIソフトに読み込ませて検証し、そこでの学びから自分なりに戦術をアップデートするという方法をとった。効率よく自分のレベルを上げることができたと自負している。

自分がオタクだな、と思うのは、金がかかっていないゲームでも、そのうちいくつかのゲームでは競技人口のヒエラルキーで見たときに100分の1以上のところに入っていること。

第5章で触れた「エイジオブエンパイア」というマイクロソフトのゲームでも、世界ランキングの数百位になっていた。８００万人中の数百位。そういうゲームを挙げていけばキリがない。大学生のときには「ウルティマオンライン」で1位にもなった。１７０万人のなかの1位だから、難易度はかなり高かった。

やっても儲からないゲームに対しても、それくらいのハマり方をしてきた。

相場への参加もその延長にあるといっていい。

◉勝っている麻雀で年間1億円使う理由

個人的な話に戻せば、麻雀には年間で1億円くらい使っている。

雀荘の場代と、終わったあとの食事代として。

週に何回か雀荘に集まって2卓か3卓で打つ。相手は投資家系が多く、あとはポーカープロ関係、麻雀プロ関係とか。

場代と終わったあとの食事代は全部僕が持つ。週イチで行っているお店に10人くらいで行って、シャンパンとかを開ける。それでお会計は最初のうち7万円くらい。

だけれど、たいていの店では、常連になると会計額が右肩上がりになっていく。そのお店でも最近は10人いると会計が50万円くらいになる。出てくるシャンパンのラベルがいかつくなっているから、高いのを用意してくれているんだと思う。ワインもそう。こっちも何も言わないから、高い酒を仕入れて出してくる。その代わり、予約は確実に取れるようになった。いつも10人以上入れる席を空けていてくれる。

1回50万円を年200回やったら1億円になる。そんな感じでお金を麻雀に使っている。麻雀は若い頃からやり続けている。麻雀だけだと飽きてしまうかもしれないけど、個人トレーダー仲間との交流の意味もあるから、長く続いているんだと思う。

最近は、日本でいちばん強いんじゃないかと言われている青柳くん（仮）が参入してきた。青柳君は麻雀プロではない。一介の雀ゴロ（麻雀ゴロツキ）でありながら、恐るべき実力者として有名麻雀プロのあいだでも名を知られている。そういう人間が加われば、新しい知識を吸収できる面白さがある。

◉ブラックジャックで勝ってきたcis流カウンティング

韓国のウォーカーヒルのカジノに年3、4回、ブラックジャックをやりに行っていたこともある。でも、1年半で出禁になってしまった。

カジノの営業の人から「本当はやってほしいんですけど、コンピュータが判定してしまったのでダメなんです」と言われた。指名手配書みたいなものを見せられたら、そこには僕の写真が貼ってあって、来店以来のスコアがすべて記録され、トータルも出ていた。その数値によって機械的に出禁にする人を決めているらしい。

僕の場合は友だちも連れていくし、ホテルでも食事とお酒にお金を使うから、カジノで勝っていたといってもプロではないのは明らかだし、とくに招かれざる客ではなかったのは間違いない。そのため出禁にされるのが遅くなったのかもしれないけれど、コンピュータの判断によって出禁にされてしまった。

当時の僕は、賭《か》け金としてはミニマムベットが40万ウォン（当時で約3万円）で、マキシマムベットが300万ウォン（約22万円）。期待値としては1回の旅行でプラス100

万円くらい。ホテル代とカジノを合わせただけならプラスかもしれないけど、外食なども含めたらマイナスだった。

ブラックジャックにはカウンティングという攻略法がある。

イカサマではなく確率にもとづいた正当な攻略法だけれど、カジノでは禁止されていることが多く、バレたら出禁になってしまう可能性が高い。

カウンティングとは、重要な札の出た枚数を数えておくことをいう。

普通のやり方では絵札とエースを数える。トランプでは1~13のうち、エースと絵札と10のカードの合計は5枚になる。ということは、絵札かエースが出る確率は13分の5。

絵札とエースがあまり出ていない場だったら、残っているカードに絵札とエースは多くなる。こういうときはプレイヤーが有利な場なのでチップを多く張る。逆に絵札とエースが出ているのが多めだと、残っているカードに絵札とエースは少なめになる。こういうときはプレイヤーが不利な場になるので、張らないか、張ってもチップを少なくする。

カウンティングのもっとも単純なやり方は、チップを張らずにずっと出たカードを数えていて、絵札とエースが出る確率が一定以上になったときに勝負に出る。

そうすると有利な場のときだけ勝負できる。長い目で見たら、確実に勝てる。

だけれど、カウンティングは禁止されているから、こんな露骨な方法をやっていると、すぐにカウンティングだと見破られ、出禁になってしまう。


僕のカウンティングのやり方は、絵札とエースのほかに、5と4・6の枚数を覚えるというもの。


実はいちばん重要なのは残っている5の枚数で、次が4・6の枚数。

そんなにきちっと枚数を覚えているわけではなく、5と4・6が平均より多いとか少ないとか。ものすごくよくなってから、またよくなくなっちゃったとか、ちょっと悪くなったとか、そういう感じの足し算引き算をしているだけ。記憶力もたいして使っていない。

本当は、有利な場のときは張り額を多くしたいけれど、それをするとカウンティングしていると見破られてしまう。なので、そうはしないでプレイの積極性を変えるだけにしている。有利なときはヒットやダブルダウンを積極的にやって、不利なときは消極的にする。

それだけでも勝てていた。かなり省エネ型のカウンティングだけれど、ちゃんとしたカウンティングをしている人より勝てる場合は多い。

韓国のウォーカーヒルはすごく楽しかったから通っていたけれど、そこを出禁になってからは、ブラックジャック目的で他のカジノにはほとんど行っていない。

◉もっとも魅力的なギャンブルは東証というカジノ

マカオにはポーカーをやりに行った。ポーカールームでは、レート別にテーブルが分かれている。いつもいちばん高いテーブルについていた。同じテーブルにいるのは9人か10人で、全員合わせて1億円から2億円分くらいのチップがテーブル上にある。

いつもショート（持ち込みチップが少なめ）で入っていた。10万香港ドル（約150万円）くらい。高く入って社長たちとやりあうのも面白そうだけれど、ショートで入ったほうが有利になる。みんな持ち込みチップが多い人を標的として意識するから。

一度ポーカールームで、ある一流芸能人を見かけたことがある。参加率が70～80%くらいだったので（普通は20%以下）、ものすごい勢いで負けていたんじゃないかな。ポーカープロたちが蜜《みつ》に群がるカブトムシのように集まっていた。

よく見かけた人に金正男《キムジョンナム》がいる。3回行ったら1回は顔を見るくらいよく見かけた。彼はいつも僕より安いレートのテーブルについていたから同卓したことは一度か二度くらいしかない。周りの人に溶け込んで、いつもニコニコと楽しそうにやっていた。こういう場に来る人は毎回違う女性を連れていることも多いけれど、彼はずっと同じパートナー。偉そうにもしていないし、カジノの人にも礼儀正しかった。印象としてはかなりいい人で、だからこそ目障りに思われて殺されてしまったのかもしれない。

非合法ギャンブルには関心がない。というのは、数千万、数億、数十億と張ったときに支払いの保証がないから。公平性にも信頼が持てないうえに法的なリスクもある。法というものに強い倫理観を持っているタイプではないけれど、効率の面から考えても、非合法なものには関心がない。

非合法なものはやはりトータルで見たときにリスクが高くなってしまう。そういうリスクを背負う意味はない。

税金も人の何倍も払っているし、そのことで東証という日本で一番のカジノで全力で勝負できている。

あとルーレットやスロットのような偶然性が高いゲームには興味がない。だから日本にカジノができても僕は行かないと思う。気になるのはポーカールームくらい。

ブラックジャックとポーカーは、技術介入度（自分のスキルが期待値に与える影響）が高くて勝てるから、勉強して楽しんできた。その道筋が見えないゲームは面白く感じない。

バカラには技術介入度はあるけれども、ほんの少しだけ勝てるようになる瞬間があるくらい。攻略法があるなら勉強するけど、カジノゲームはすごく洗練されているため、技術介入度で期待値をプラスに持っていくのは難しい。

確率上不利なゲームにお金を賭けることはしたくない。

だからやっぱり相場がいい。相場は、仕事にもなり、趣味にもなり、ゲームにもなる。他の趣味やゲームは仕事にするのが難しいけど、相場なら可能だ。やり方次第でお金を増やすことができる。

相場は、最新かつ最先端の学問であり、経済活動でもある。

最先端だから未来が予測できない。

究極に近い〝不完全情報ゲーム〟。

日々やることが勉強になり、実力をつけることになり、お金にもなる。

勉強したからといって勝てるかどうかわからないのが、いいところでもあり悪いところ。

勝負を決めるのが総合力になるのもゲームとしての面白さ。

お金は10万円くらいから参加できる。

頭がめちゃくちゃよくても勝てるとは限らない。

判断や行動が早いことも大切。

人脈だったり、情報だったり、資金調達力だったり、いろいろな側面からの攻略法もある。そういった総合力での勝負だから、ゲームとして壮大。これほどスケールが大きなゲームは他にない。

稼ぐためのアプローチの仕方がいろいろあるのもいい。

僕のようにデイトレのカチャカチャ職人で稼ぐ人もいれば、会社をつくって上場して投資家からお金を集めて稼ぐ人もいる。


資本主義は人類史上最高のゲームかもしれない。

投資にあたってのあらゆる意思決定・最終判断・実際の売買は
あくまでご自身の自己責任において行われるようお願いいたします。
投資による損失については著者のcis氏および
株式会社KADOKAWAは一切の責任を負いかねます。
本書の内容に関しましては正確を期するよう努力を払いましたが、
2018年12月以降の為替市場・経済情勢に変化が生じましても、
その責任は負いかねますのでご了承ください。

cis（しす）
個人投資家。2018年11月現在、資産約230億円。1979年３月生まれ。大学４年生の2000年夏に口座を開き300万円で株式投資を始める。01年法政大学卒業後、親族が経営する企業に就職。02年デイトレを開始。一時期資産を104万円まで減らすもスタイルを変えてからは勝ち続け、資産6000万円で04年６月に退職。以後専業トレーダーとして04年内に２億円、05年内に30億円弱の資産を築き、トッププレイヤーの仲間入りを果たす。その取引の影響力の大きさから「一人の力で日経平均を動かせる男」とも言われる。

一人《ひとり》の力《ちから》で日経平均《にっけいへいきん》を動《うご》かせる男《おとこ》の投資《とうし》哲学《てつがく》

2018年12月21日　初版発行
2025年７月10日　９版発行

著者／cis《しす》

発行者／山下直久

発行／株式会社KADOKAWA
〒102-8177　東京都千代田区富士見2-13-3
電話　0570-002-301（ナビダイヤル）

印刷／株式会社ＤＮＰ出版プロダクツ
製本／株式会社ＤＮＰ出版プロダクツ

●お問い合わせ
https://www.kadokawa.co.jp/（「お問い合わせ」へお進みください）
※内容によっては、お答えできない場合があります。
※サポートは日本国内のみとさせていただきます。
※Japanese text only

定価はカバーに表示してあります。

ISBN 978-4-04-106969-1　C0095